*Oneida Terra*
*pelo espírito Sahija*

# Um só coração

O produto da venda desta obra é destinado à manutenção
das atividades assistenciais da Pousada de Francisco,
de Barra do Piraí - RJ, e da Sociedade Espírita "Boa Nova",
de Catanduva - SP, que possui como um de seus departamentos a

# boa nova
editora e distribuidora de livros espíritas.

*Oneida Terra*
*pelo espírito Sahija*

# Um só coração

# boa nova
### editora e distribuidora
### de livros espíritas

Departamento da Sociedade Espírita Boa Nova
PABX (17) 521-2400 - Fax: (17) 521-2191
Av. Porto Ferreira, 1.031 - Caixa Postal 143
e-mail: boanova@boanovaonline.com.br
site: www.boanovaonline.com.br
Catanduva - SP - CEP 15809-020

3ª edição
Dezembro/2001
3.000 exemplares

# *Um só coração*

Copyright by ©
boa nova editora e distribuidora de livros espíritas

**Capa**
**Direção de arte:** Francisco do Espírito Santo Neto
**Projeto gráfico:** Jurandyr Godoy Bueno

**Revisão:** Júnia Nogueira Neves

**Editoração eletrônica:** feita a partir da digitação da própria médium
por Jurandyr Godoy Bueno

**Fotolitos:** Artscan

---

**Dados Internacionais de Catalogação na Publicação (CIP)**
**(Câmara Brasileira do Livro, SP, Brasil)**

Sahija (Espírito) .
    Um só coração / pelo espírito Sahija ;
[psicografado por] Oneida Terra. -- Catanduva, SP :
Boa Nova Editora, 1999.

    1. Espiritismo  2. Psicografia  3. Romance
brasileiro I. Terra, Oneida. II. Título.

**ISBN 85-86470-06-6**

99-4092                                    CDD-133.93

**Índices para catálogo sistemático:**
1. Romances Mediúnicos : Espiritismo 133.93

---

**Impresso no Brasil/*Presita en Brazilo***

## Outras obras psicografadas pela médium

**Sob a Luz da Verdade**
*Espírito Victor Hugo*
(editada pela boa nova)

**A Convite do Pai**
Espírito Irmã Virgínia

**Anjo Inesperado**

**Autenticidade**
Espírito Arquimedes

**Beijos e Lágrimas**

**Em Busca do Amor Perfeito**
Espírito Sahija

**Interlúdio de Amor**
Espírito Victor Hugo

**O Suave Encanto de Viver**
Espírito Amelie

**Os Frutos da Fé**
Espírito Irmã Virgínia

**Resgates e Glórias**
Espírito Negro Inácio

**Transparência**
Espírito Chei Ai Min

**Três Mulheres e o Vento**
Espírito Eline Barchan

Editadas pela
CETH Editora

# Índice

| | | |
|---|---|---|
| Capítulo 1 | | 13 |
| Capítulo 2 | | 25 |
| Capítulo 3 | | 37 |
| Capítulo 4 | | 49 |
| Capítulo 5 | | 55 |
| Capítulo 6 | | 65 |
| Capítulo 7 | | 73 |
| Capítulo 8 | | 85 |
| Capítulo 9 | | 93 |
| Capítulo 10 | | 105 |
| Capítulo 11 | | 113 |
| Capítulo 12 | | 121 |
| Capítulo 13 | | 131 |
| Capítulo 14 | | 139 |
| Capítulo 15 | | 151 |
| Capítulo 16 | | 159 |

# Aceita um chá?

Quando eu li "Um só coração" pela primeira vez, o que mais me surpreendeu foram os risos da narrativa. Virava e mexia, Iron sorria, ria, gargalhava. Ao devolver os originais, comentei com Oneida que eu pensava ser esse o nosso livro mais "risonho".

Da segunda vez que esteve em minhas mãos, veio com duas tarefas: seria o próximo livro que eu deveria revisar e estava convidada a redigir seu prefácio. Somou-se, então, à obra, mais um sorriso: o meu, de agradecimento.

Tão logo me desembaracei dos compromissos profissionais, sentei-me para a leitura, a revisão e a "inspiração" do prefácio. Mas, se as duas primeiras iam bem, a última era muito exigente e nenhuma idéia me parecia ideal.

Aí, houve mais um riso, desta vez de Iron. Amoroso, ria da minha vaidosa intenção de dedicar-lhes – a ele e a Sahija – o "melhor" prefácio que eu pudesse redigir. Abriu-me as portas do seu pequeno mundo, mostrou-me os três vasos de flores, apontou-me as estrelas, ofereceu-me roscas e chá na mesa simples e bela. Entendi o seu carinho e ele riu, ainda uma vez.

Encorajada pelo riso e pela cena que se oferecia ao meu olhar, lembrei-me de que o chá é, simbolicamente, um ato de comunhão. A reunião para

*Um só coração*

o chá, que se marca pela simplicidade, representa a busca de tornar os costumes menos rudes e disciplinar as paixões, de vencer os antagonismos e estabelecer a paz.

Então, caro leitor, aceite também este convite: faça um chá, com folhas, flores e cascas, sirva-se de roscas, sente-se e encontre Iron e seus amigos. Conheça Gaston e Etil, tão diferentes e tão parecidos... sinta a dimensão humana de Lígia, Tião, Brulin, Júlio, Fort, Anunciata...

Observe como é curiosa a apresentação das personagens nesta obra: todos os amigos de Iron, quando aparecem pela primeira vez, guardam, em relação a ele, algum agradecimento. Mas a razão para esse sentir só se revela mais tarde, num rápido flashback, quando descobrimos como foram ajudados por ele. (A exceção será Etil, que Iron conhece, juntamente conosco, nas primeiras páginas do livro.) Sahija nos ensina que os sentimentos vividos hoje foram os que cultivamos ontem.

Os conflitos, as dores, as emoções vão sendo-nos apresentados e respeitados em sua realidade. Ninguém é julgado ou sentenciado, mas todos – sapateiro ou grande empresário, mãe ou prostituta, criança ou adulto – recebem um olhar amoroso e compreensivo, são encorajados nas mudanças que devem empreender e chamados a refletir ante suas inconseqüências.

Não há soluções rápidas para os problemas, o

*autor não fantasia. A marcação temporal, clara ou implícita, deixa entrever que o reequilíbrio exige boa vontade e dedicação no tempo, não é fruto de decisões imediatistas, impulsivas. O conflito principal, que modifica a vida de Iron, levará aproximadamente 42 anos para começar a se reajustar, o mesmo tempo abrangido pela história.*

*Sahija optou por compor uma narrativa com muitos diálogos. Nesta estratégia, as personagens se expressam diretamente, sem a interferência do narrador. É uma forma dinâmica de apresentar as idéias, perfeitamente ajustada ao jeito de Iron. Ele conduz, num jogo de perguntas e respostas, a reflexão de seu interlocutor, encorajando-o a conclusões ponderadas. Por isso, as conversas devem merecer atenção e cuidado na leitura, já que grande parte da força da narrativa se encontra nelas.*

*O estilo, simples e poético, traz muitas belezas. Um grande prazer foi encontrar a poesia dispersa nessas vidas e palavras. Revelou-me um pouco da poesia da minha própria vida e levou-me a cuidar melhor das palavras.*

*Espero, leitor, que você também encontre esse prazer. Espero que se sinta feliz com os risos de Iron e que se permita ser, junto com esses que se empenham pelo reequilíbrio íntimo, um só coração.*

*Verão, Março de 1999*
**Júnia**

# Capítulo

*1*

Os olhos de Iron expressavam força. Inesgotáveis e belos. Que acontecimentos teriam, ao longo dos anos, decantado a nitidez de seu olhar? Recostado, sem pressa, ele fixava a menina que remexia o lixo.

Etil estava absorta. Não lhe interessavam todas as coisas ali deixadas. Tão-só o que lhe parecia útil era recolhido.

Os pontos para descarga do lixo eram bem conhecidos e estavam sempre cheios. Aquele recanto era novo. Poucos haviam chegado até ele.

Iron puxou o agasalho pesado, recolhido do monturo, reforçado nas costuras, bem limpo e deu alguns passos, assustando-a.

— Senhor! São seus? Não vou levar tudo. Fique com o que quiser.

— Não se preocupe. Pertencem a quem chegar primeiro.

— Vive aqui? Conhece essas ruas?

— Andei palmo por palmo de toda a ci-

*Um só coração*

dade. Há anos convivo com todos.

— Chegamos há poucos dias.

— Tem família?

— Fui recolhida logo ao nascer. Minha mãe me abandonou.

— Como sabe?

— E quem me teria abandonado no monturo?

Iron sorriu.

— Aprenda a não julgar.

— Está defendendo pessoas que o senhor nem conhece?

— Poderia não ter sido ela.

Etil olhou-o longamente. Tinha lágrimas nos olhos.

— Não sei o que pensar. Gostaria de conhecer minha família.

— Qual o seu nome?

— Não sei se os meus pais pensaram em nome quando nasci. Os que me encontraram em um canto qualquer me chamaram Etil. Um cachorro sem dono, filho da rua, me aqueceu enquanto fiquei sozinha.

— Muito tempo? - Havia ternura nos seus olhos. - Não teria resistido se as horas perdurassem.

— Talvez tenha sido um tempo pequeno, não sei.

— E o cachorro?

— Seguiu comigo. Os meus novos pais gostaram dele.

— Que nome tinha?

— Etil.

— Como?!

— Eu quis assim. Quando comecei a falar e a compreender bem as palavras, dei a ele o meu nome.

— E onde está agora?

— Penso que se transformou em flor.

— Flor? Por que flor?

— Nós o enterramos no jardim da cidade onde morávamos. À noite, sem que ninguém visse, ele foi sepultado. Tenho saudades.

— E por que não arranjar outro como ele?

— Nenhum seria como ele. Não fui eu quem escolheu Etil.

— Ele a encontrou, não foi?

— E cuidou de mim até que aparecesse alguém. Me protegeu, não permitindo que o frio me maltratasse. Nenhum outro seria como Etil.

— E por que não retribuir, acolhendo alguém que esteja pela rua?

— Cuido quando encontro, mas não quero pra mim.

— Quantos anos tem?

— Vou completar onze. E o senhor?

— Quase sessenta, Etil.

— Sempre viveu na rua?

— A rua é o meu campo de trabalho. Nela, encontrei pessoas e conquistei amigos. Tenho liberdade. A maior parte vive infeliz. Muitos não dormem em paz e comem em excesso

— Têm cama limpa e alimentos. Pai, mãe, irmãos. O senhor tem revolta pelos que possuem casas e roupas bonitas?

— Nenhuma. Gosto de viver com simplicidade. Respeito a família.

— Vivo na miséria.

— Não há miséria, se existe trabalho. Acreditaria que nunca me faltou a boa sopa de legumes? Laranjas, biscoitos, sorvetes...

*Um só coração*

— Sei o que é fome. Há doença na família em que estou.

— Faltando saúde, faltam forças. Quer caminhar um pouco? Comer alguma coisa?

— Não posso. Está escurecendo. Preciso voltar.

— Vou confiar na Força Invisível que promoveu nosso encontro.

— Por quê?

— Quero revê-la. Seria bom prosseguirmos essa conversa.

Etil deu um sorriso disfarçado, recolheu alguns trastes e acenou quieta. O silêncio cresceu.

Iron ficou pensativo por longos minutos. Que razões justas, sob a sabedoria eterna, teriam colocado a pequena Etil nas provas que vivia? Ele confiava em Deus e sabia que o Poder Superior não desampara ou castiga. Nas lutas que o momento indicava Etil, era convidada a reajustar os sentimentos. Tudo faria para lhe ser útil. A emoção que nascera no seu íntimo, ao olhá-la, indicava-lhe reencontro. Queria estar atento e não perder oportunidades. Com vagar, caminhou, sabia aonde deveria ir. Vários passos cheios de reflexão e bateu em uma porta velha, cujos sinais de beleza não existiam mais. Uma mulher magra, despida de artifícios, pediu-lhe para entrar.

— Pensei que não viesse hoje, senhor.

— Como está, Ana?

— Pior. Tenho-me sentido muito pior. Agradeço pelos recursos que me enviou.

— Dei-lhe o que colhi de outras mãos generosas. Ore por eles.

— Sair mendigando é impossível. Antes, eu trabalhava. Com o nascimento de Juan, ficou difícil.

— Como está bonito este menino!

Iron parou contemplando a criança que dormia tranqüila, apesar da enorme pobreza que a circundava. Ana começou a tossir.

— Desculpe. Parece que os remédios não me ajudam.

— Afaste-se do menino, Ana. Tenha cuidado.

— Neste pequeno cômodo, é quase impossível ficar distante.

— O seu filho é sadio, mas sua situação ameaça-o. Poderíamos arranjar alguém para cuidar dele. O que acha? Não seria melhor? Concederia?

Embora firme no que expunha, havia uma dor transparente nos olhos de Iron.

— Nunca rejeitei o meu Juan. Fiquei feliz com a sua chegada. Ele é o meu quase único amigo.

— Quase? Por que "quase"?

— O senhor... - ficou olhando-o e abraçou-o em lágrimas.- Só de seu coração recebi respeito. Eu não era feia, tinha um bom corpo e me deixei levar pela idéia de prazer. Encontrei o que merecia. Os homens que passaram por minha vida buscavam o mesmo que eu: prazer sem responsabilidade.

— Não se acuse. Isso vai lhe fazer mal.

— Preciso falar e fortalecer meus novos anseios. Gostaria de lavar o rosto e o corpo, ficando transparente como os seus olhos. Vou aprendendo que não há transformações repentinas.

— Trocar de roupa, banhar o corpo não é o suficiente. É necessário bem mais que isso.

— De qualquer maneira, comecei por aí.

— E eu a apóio. Prossiga, Ana. Nunca se esqueça

*Um só coração*

da alma. Somos seres eternos.

— Sua amizade e o amor de Juan... Começo a ser feliz. Parece que, sem a dor, eu não conseguiria.

— Poucos têm conseguido sem ela.

— Que pena! Desprezamos oportunidades quando saudáveis.

— Não lamente. Na aceitação da dor, emerge o amor transformando o ser.

— É reconhecimento, não lamentação. Gostaria de ter aprendido com os meus pais. Apesar de pobres, sem recursos, me amavam.

— Por que "apesar de pobres"? Nas suas reflexões, os pobres não amam? Estariam destituídos de sentimentos bons? Existiria, na pobreza, incapacidade para um viver edificante?

— Infelizmente, eu pensava assim. Considerava que os bem-apessoados tinham encantos e alegria para oferecer.

— E os que enfrentam penúrias materiais estariam interiormente pobres?

— Posso concluir hoje que estava muito enganada. Os meus pais conseguiam, mesmo com as suas lutas enormes, cooperar com mais alguém. Nunca tiveram medo de entregar o único pão que iria alimentar a família. A luta que travaram para criar treze filhos levou-os cedo, senhor.

— Mereceram descanso. E Juan? Não seria melhor confiá-lo a alguém?

— Não sou capaz de dizer o que seria melhor para ele. Não me cuidei para ser hoje uma pessoa coerente. Nunca me preocupei com a prudência. Bem ao contrário, não gostava de limites.

— Muitos agem assim, minha filha.

— E as conseqüências são fortes. Consome-se o meu corpo e nada detém o mal que me domina.

— Seria um mal, Ana?

— Estou morrendo, senhor Iron.

— Ou iniciando uma nova vida?

— Não sei se quero essa vida sem Juan.

— Conquiste condições de estar com ele após essas dores.

— O que será de nós dois? Existirá um Soberano que nos proteja? Sinto medo...

— É comum não aproveitarmos as dádivas, e elas são muitas, e duvidarmos de Deus.

— Essa enfermidade seria um castigo? Deixar o meu filho, uma punição para meus abusos?

— Não confunda conseqüências naturais de nossos atos com castigos.

— Se eu não morrer, voltarei para lhe contar.

— Estarei esperando-a. Sei que virá, Ana.

— Confia tanto assim?

— Simplesmente confio. Deus nunca me deu razões para desconfianças.

— Já sofreu, senhor? Passa-nos a impressão de que nada o infelicita.

— Exatamente a confiança na Vida deixa-me tranqüilo.

— Desde que o conheci, fiquei mais forte. Antes, eu me sentia sozinha. A solidão era muito grande, apesar de viver nas orgias.

— Muitas fragilidades crescem por o homem julgar-se sozinho. A ausência de Deus em nossos corações é grande perda. Sem o Poder Superior, não atingimos metas seguras.

*Um só coração*

— Julguei, quase sempre, que Ele não gostava de mim.

— Você nunca O procurou. Julgou sem bases seguras.

— Consumida como estou, as idéias ficam confusas.

— Penso que, agora, os seus sentimentos começam a conhecer novas claridades.

— Por quê? Seria possível crescer em meio a tantas dores?

— Ontem, eram as ilusões que a dominavam. Agora, uma realidade nova conduz a conclusões diferentes. Antes, você sorria na indiferença; hoje, derrama lágrimas e vive dores, mas humaniza-se. Há uma família para seu filho. Honestos e amorosos.

— Eu me perdi da capacidade de pensar e não aprendi a amar.

— Busque aprender agora, Ana.

— Terei condições? O corpo está fraco, a alma triste. Ajude-me... Ajude-me, amigo.

Ana começou a soluçar. Iron segurou-lhe a mão com tranqüila força.

— Peço-lhe conversar com Deus. O Pai Eterno é amoroso por excelência.

— E o que Lhe diria? Nem sei como Lhe falar. O que Lhe dizer?

— A verdade, Ana. Diga-Lhe a verdade.

— Existiria em meu coração alguma verdade?

— Sei que sim. Esforce-se por essa conversa, minha filha.

— Tentarei, mas tenho medo e vergonha. Sempre O desprezei.

— Não tenha vergonha. Diga a esse Grande Amigo tudo o que lhe vai n'alma.

— Obrigada. Sua amizade renova o meu ser. - Beijou-lhe as mãos.

— Lembre-se: tudo é seqüência amorosa. Não há fim. Confie!

— Nada sei a esse respeito, mas buscarei ter forças.

— Transforme a ignorância. Não pare nesse não-saber.

— Parecem tardias certas buscas, mas já lhe disse, tentarei.

— Logo você descobrirá que é tempo de bom plantio.

— Quando levará Juan?

— O casal virá buscá-lo. Quero que os conheça.

— Não terão medo de contágio?

— Sei que não, Ana.

Três dias de espera e Juan se foi. A firmeza e a sinceridade dos jovens que o adotavam foram, para Ana, um bom prenúncio. O filho teria uma vida digna. Na verdade, bem mais digna do que ela supunha. Menos de dois meses e a enferma despedia-se de Iron.

O amigo não a abandonou. Providenciou o sepultamento e permaneceu ao seu lado até os instantes derradeiros. Olhos fechados, coração elevado em prece, ficou longos minutos falando com Ana. O coveiro, vendo-o tão constrito, esperou e, na simplicidade de seu coração, fez questionamentos.

— Nem os cães vira-latas acompanharam esse pobre corpo. Quem era?

— Uma boa amiga. Qual o seu nome?

— Amadeus, para servi-lo.

*Um só coração*

— Eu sou Iron.

— Conhece-a há muito tempo, Iron?

— Quase um ano, Amadeus.

— Vivia com ela?

— Não. Éramos amigos.

— É, tem disfarces, Iron...

— Não os uso.

— E por que tanta dedicação?

— Todos merecem respeito. Esforço-me para não julgar ou exigir de meus semelhantes. E precisamos de muita atenção com os nossos atos para não confundirmos indiferença com respeito. Dedicar-se a alguém traz tranqüilidade e alegria.

— Você fala difícil. Julgar, exigir... Eu não sei quando sou indiferente ou respeitoso. Quase não estudei.

— Para chegarmos a essa compreensão precisamos de esforço próprio. Muitos afirmam respeitar, mas se afastam, nada fazendo para um bom relacionamento. Amadeus, não é o estudo nas escolas da Terra que promove compreensão e harmonia com os nossos semelhantes.

— Mas ajuda, não é?

— Ajuda, Amadeus. Mas não se limite por não ter feito cursos, por não ter diplomas... Trabalhe os sentimentos, buscando entender a Lei Eterna. Esforce-se para compreender as verdades que o Cristo viveu.

— Morreu de que, essa pobre coitada?

— Falta de amor, meu amigo.

— Isso é doença, senhor?

— E bem grave. Não amar é dos grandes males da humanidade.

— Nunca ouvi falar isso!

— Os que amam são saudáveis, alegres, bem

*Oneida Terra/Sahija*

dispostos...

— Vou pensar nisso. O senhor é engraçado. Tem família?

— Tenho amigos. É casado, Amadeus?

— Sim e tenho dois filhos, graças a Deus.

— Gosta muito deles?

— Muito e da mulher também.

— É essencial amar. Sem essa troca, nos perdemos.

— "Essencial"? Não entendi bem, senhor.

— Importante, compreende?

— Agora compreendo. Tá morrendo muita gente. Seria falta de amor?

— Os que morrem indiferentes, magoados ou revoltados, sim. Acredita em morte?

— Não sei. Ninguém voltou para me contar.

— Acredita muito nos outros, não é? Quase nada em você.

— Não, senhor. Acredito em mim.

— E o que lhe diz o seu sentimento? Você acredita no fim da humanidade?

— Mas não é o fim de todos! Morrem uns e nascem outros.

— Os que ficam estão felizes?

— Alguns sim, outros não.

— Chegando a sua vez, o que pensará, Amadeus?

— Não gosto de falar sobre isso. Prefiro não pensar.

— Pois pense. Tudo é muito belo. Eterno e bom.

— Tomara que o senhor esteja certo. Seria bem melhor. Eu poderia ficar com os meus pais, os tios, avós...

— E com Deus, amigo.

O humilde servidor olhou-o cheio de curiosidade.

*Um só coração*

— O senhor tem palavras para tudo, não é?

— Não está correto o que falei? Ao querermos os familiares e amigos, queiramos, acima de tudo, ficar com Deus. A Ele devemos todo amor.

— Preciso trabalhar. A conversa tá boa, mas preciso trabalhar.

— Mais covas a fazer?

— Sim, mais duas hoje. Bem, por enquanto, mais duas.

— É novo aqui, Amadeus?

— Trabalho há poucos meses neste recanto.

— Conheci Moisés, o antigo servidor.

— Ele saiu, eu fiquei no lugar dele.

— Prazer, Amadeus.

— Volte pra gente conversar, senhor.

# Capítulo

## 2

Iron saiu caminhando sem pressa. Nunca fora levado pela precipitação. Gostava de sentir tudo o que fazia e caminhar era dos seus grandes prazeres. Chegou ao seu pequeno quarto e colocou água para ferver. Queria um chá forte. Abriu as janelas. Apesar do cortiço ao lado de sua pequena acomodação, conseguia divisar o poente. Era um eterno enamorado do astro maior. Ao amanhecer ou na ante-noite, agradecia ao Criador a grandeza do sol. Mexeu nos três únicos vasos que podia ter ali. Algumas flores ensaiavam-se delicadas.

— Sempre as aguardo com alegria. Que bom que estão chegando! Parecem mais belas do que na última floração. Tentei lhes dar um carinho especial. Será que esses tons são a resposta ao meu amor?

— Falando sozinho?

Iron voltou-se. Etil ali estava.

— Converso com minhas plantas, Etil.

*Um só coração*

— E elas respondem?

— Com muita inteligência e sensibilidade. Como conseguiu chegar?

— Perguntei a um e outro. Por que o chamam "Espantalho"?

— Tião, o sapateiro, começou com essa história.

— Ele o chama de "Espantalho". Não se aborrece?

— Ele não concorda com o meu sobretudo. Desaprova o meu chapéu. Uso-os há muitos anos. Eu mesmo cuido de minhas roupas. Tenho cuidados especiais com elas.

— Seu quarto é limpo. Bem arrumado e bonito.

— Herança de um amigo, com uma condição: que o dê a alguém que precise quando partir.

— Partir? Partir para onde?

— Todos viajam um dia. Seguem para a constatação da eternidade.

— Morrer? Triste, não é?

— Não, Etil. Viver sempre e crescer, descobrindo que a Vida é amor.

— Banheiro do lado de fora e pequena cozinha, bom aqui.

Etil era observadora, atenta.

— Quer chá?

— Não, obrigada.

— Uma fruta, então?

— Agora prefiro conversar. Vim para isso. Gosto muito mais de conversar do que de comer.

Iron percebia quão esperta era a menina. Como se mais idade tivesse.

— Conversar? Que bom! Poucas pessoas sabem conversar. Há muito falatório, disse-me-disse, mas não a boa conversa.

— Posso fazer perguntas, senhor?

— Quantas quiser. Fique à vontade.

— É feliz?

— Infinitamente, Etil. Muito feliz.

— Por que é feliz?

— Sou feliz porque amo.

— Todo mundo gosta do senhor?

— Talvez sim, talvez não.

— Mas não disse que é o amor?

— Eu amo, Etil. Ao amar, sinto-me feliz.

— Basta amar? Eu queria que alguém gostasse de mim.

— Amar é tudo. É estar com o outro, compreendê-lo e conquistá-lo.

— Onde começa o amor?

— O amor começa no coração de Deus. - Ela o fixava. Semblante sério. - Do coração d'Ele, expande-se ao infinito. O coração divino é a própria Vida. Não posso lhe dizer quando começou, mas afirmo-lhe: não há fim para esse sentimento. Já sei, está me olhando a interrogar como descobri e senti o amor.

— O senhor é mágico? Sabe dos meus pensamentos?

— Não sou mágico. Busco ser humano, sensível e esforço-me para sentir os meus semelhantes. Intuo.

— Intuir? O que é intuir?

— Na intuição, não há um raciocínio, uma idéia fixa.

— Como? Não entendi.

— A percepção vem tranqüila, sem que eu a busque.

— Entendo mais ou menos. O senhor fala difícil.

— É sentir naturalmente. É saber sem saber como se sabe.

*Um só coração*

— O senhor está brincando? Eu quero aprender a amar.

— Mas não amou o seu cachorrinho?

— Amo ainda. Quero amar os homens, todas as pessoas, as crianças. E se Etil não tivesse cuidado de mim? Será que eu gostaria dele?

— Não ama os seus pais?

— Não sei. Gostaria de amar. Amar como o senhor diz, com alegria, sem interesses, bem forte.

— Há muita confusão nos sentimentos. Julgam que o amor é exigente, interesseiro e até vingativo. O amor é delicado, livre e fiel. É para todos, mesmo para os que o ignoram.

Etil se levantou e ajeitou o xale que tinha sobre os ombros.

— Vou embora. Perguntei demais. Não quero deixar o senhor cansado.

Iron se surpreendeu.

— Embora? Quase dois meses que não a vejo!

— O senhor não me procurou?

— Procurei, sim. Mas uma amiga precisava de minha presença. Dei-lhe atenção. Ana sofreu muito.

— Quem é Ana?

— Uma amiga. Retornou para uma dimensão maior na casa do Pai.

— Quer saber onde fico?

— Quero saber onde mora.

— Não é morar. Qualquer dia lhe digo onde me escondo. Adeus.

— Até breve, Etil. Não digamos adeus. Até breve. Volte quando quiser.

Saiu lentamente, como quem desejava ficar, e não

olhou para trás ao descer a escada. Iron deu um longo suspiro e fechou a porta.

Etil chegou junto aos seus carregando alguns pães e lenha. Lígia, que a criava, estava ajoelhada rezando. A menina procurou não incomodar. Com gestos leves, começou a acender o fogo. Um tempo e Lígia falava com ela.

— Onde esteve? Demorou demais! Você não é cão vadio.

— No jardim. - Temia repreensões. - Conversei com outras crianças. Elas acreditam no amor.

Lígia sorriu por entre lágrimas.

— Amor? Não seria essa a maior de todas as ilusões?

— Em que acredita, mãe Lígia?

— No sofrimento, na humilhação, na indiferença que gera abandono.

— Por que me recolheu?

— Tive pena. Eu poderia sentir remorso e ser mais castigada do que tenho sido.

— Nunca amou ninguém?

— Julguei que fosse amor. Ao ser abandonada, descobri a verdade.

— Foi abandonada?

— Pai e mãe estavam ao lado, mas desinteressados. Irmãos partiram, nunca mais vi ninguém.

— E os seus filhos?

— Complicaram muito a minha vida. Fiquei fraca, impossibilitada de serviço e Darc é acomodado.

*Um só coração*

— Estou pensando em trabalhar. Você deixaria, mãe Lígia?

— Você? Miúda desse jeito?

— Posso ajudar. Comprar pão, leite, querosene... E sou esperta.

— Sei lá. Decida sozinha.

Lígia se afastou do barraco. Etil ferveu água e leite. Passou café, mas não se alimentou enquanto não chegaram os demais.

De comum, eram todos propensos ao silêncio. Capazes de viverem dias sem palavras.

— Etil está pensando em trabalhar.

Darc não respondeu. Olhou-a apenas.

— Poderíamos sair deste lugar, mãe Lígia.

— Sem ilusões, Etil. Penso que ficaremos mais pobres. Sempre mais pobres e, quem sabe, morreremos de fome.

Darc levantou quieto. O mau humor de Lígia lhe causava irritação.

A pequena recolheu os canecos, lavou-os e arrumou o que lhe foi possível, na pobreza daquele exíguo espaço.

Ao deitar, olhou as estrelas. De onde estava, divisou-as bem. Pediu-lhes ajuda. Há anos pedia-lhes um milagre. Uma fada ou um príncipe. Alguém que os arrancasse dali. Relembrou Iron. Teria vergonha se ele ali chegasse. Sabia-o pobre, mas ele parecia um rei. Forte e cheio de sabedoria. Quem sabe as estrelas conseguiriam ajudar? Iron poderia ser filho de uma delas. Começou a chorar. Gostaria que ele estivesse ao seu lado. Será que estava começando a amar alguém? Sentiu-se feliz e, sonhando acordada, não viu a noite passar.

Transcorreram vários dias. Iron não parava. A cidade não o conhecia como dos mais ricos ou destacados, no entanto, inúmeros habitantes contavam com a sua força para viverem melhor.

A praça estava quase deserta. Um ou outro passava apressado. O frio era intenso. Aguardou num recanto discreto. Não teve que esperar muito.

Um homem, trajando roupas elegantes, sentou-se um tanto retraído.

— Estava ansioso. Demorou a aparecer, senhor Iron.

— Existe muita dor a pedir orientação. Você não é o único em minha vida, Gaston.

— Sei que é verdade tudo o que diz, mas reluto em aceitar essa realidade.

— Suas riquezas levaram-no a enganos. Julga-se com primazia em tudo. Tornou-se exigente.

— Como se só eu existisse, não é? - Deu um longo suspiro.

— Todas as pessoas merecem respeito e precisam de apoio, meu jovem.

— Sou egoísta. Não penso em ninguém. Sou um inútil.

— Não é verdade. Seus recursos têm sido úteis. Agradeço-lhe.

— Não faço por eles e, sim, por você. Devo-lhe a própria vida. Salvou-me.

— Não me deve nada. Seus recursos são úteis e gostaria que os ofertasse com uma consciência forte. Não por mim, mas pelos mesmos que os recebem. Gostaria de

*Um só coração*

lhe apresentar uma amiga.

— Uma nova amiga? Quantos amigos, senhor?

— Ao contrário de você, venho descobrindo que há mais amor do que se pensa nesses sentimentos todos. Sou feliz.

— Nunca me senti amado. Os meus pais tiveram responsabilidade comigo, quase nenhum amor. Na adolescência, ficou pior. Descobriram minhas tendências e não me perdoam até hoje.

— E você, ama os seus pais, Gaston?

— Penso que não. Sei que não. Muitas vezes, essa pergunta me incomoda, senhor.

— Você exige amor nos outros, mas não ama.

Gaston deu um sorriso tristonho.

— Egoísmo, não é, senhor?

— Insiste em me chamar de senhor?

— Parece-me um soberano.

— Veja-me como irmão, Gaston.

— Difícil. Eu o respeito muito.

Iron sorriu largamente. Os dentes brilharam forte. A gargalhada espalhou-se no parque quase deserto.

— Não respeitamos os nossos irmãos?

— Não sei explicar corretamente. Sinto-o superior. Cheio de bondade. Entregue a todos. Não pensa em si mesmo? Não tem vontades? Em muitos momentos, não o entendo. Nada exige e tudo afirma ter. Gostaria de ir à sua casa.

— Moro em um quarto, o meu pequeno mundo.

— Preciso conhecê-lo. Irei a qualquer momento.

— Poderá não me achar. Pouco fico nele. Há muito trabalho a fazer. Mas fique à vontade para ir à hora que lhe aprouver.

— Voltarei muitas vezes, não se preocupe. E o galpão, vai construí-lo?

— Os recursos estão chegando. Preparo-me para isso.

— Não sente medo ou vergonha? Conviver com os pobres é difícil.

— Medo ou vergonha? - Iron ficou pensativo. Por largos instantes, ficou pensativo. - Não, Gaston. Não temo as conseqüências de meus atos. Reconheço, nos maltrapilhos, irmãos. Nenhuma vergonha. Entre eles, colho bondade que os mais orgulhosos não acreditariam. Sua cooperação tem sido muito útil. Esse galpão será construído e tudo o que tem sido dado pela sua generosidade é muito bom.

— Faço pelo senhor. Tenho interesses.

— Interesses? Como "interesses", Gaston?

— Não quero deixar de vê-lo. Preciso de seu apoio.

— Eu estaria ao seu lado mesmo sem os recursos que nos são dados.

— Acredito nos seus sentimentos. Acredito no senhor.

Havia lágrimas naqueles olhos. Lágrimas de sinceridade. Iron apertou-lhe a mão.

— Você poderia ser meu filho.

— Eu seria feliz se o fosse, amigo.

— Peço-lhe compreensão para com os seus pais.

— Eles não estão preocupados comigo. Não lhes faz falta a minha presença.

— Repito-lhe que essa compreensão é necessária. Não se uniram por acaso. Aprendamos a respeitar os desígnios superiores.

— Desígnios superiores... Ou seriam rígidas determinações? Não entendo a vida. Aponto injustiças, faço

*Um só coração*

acusações, desconfio... A maior parte das vezes, estou magoado, sinto-me perdido.

— A Vida, Gaston, não é a existência tão-só. Quando você fala vida, está se referindo aos acontecimentos de cada dia. Ao que lhe é próprio. Opiniões e cismares. Exigência e prazeres. A Vida é movimento sábio a proteger a todos. Quantas existências nos foram dadas viver?

— Reencarnação, senhor?

— Exatamente, meu jovem. Existências sucessivas que a Sabedoria Divina encaminha com absoluto amor.

— E por que não o sentimos? Qual a razão de tantas desgraças? Violências, mutilações, domínios...

— Muitos, como nós mesmos, acreditam em milagres. Sem cultivar, não se colhem bons frutos. Tem-se esforçado nos rumos do bem?

A voz soou firme e doce. Gaston olhou-o. As faces banharam-se. As lágrimas estavam amargas.

Iron deixou que chorasse por longo tempo.

— Sou rebelde. Não me esforço quanto devia. Não dedico o menor tempo às aquisições do sentimento.

— Pare de julgar seus pais. Faz exigências e não os ama. Cative-os, há tempo. Não gaste as horas na lamentação, expondo dificuldades. As palavras excessivas inibem a ação. Substitua-as. Comece a agir.

O jovem meneou a cabeça.

— Tentarei. Farei um esforço.

— Lembre-se de que não estão juntos por acaso. Faça a sua parte.

— Qual será? Nem sempre sei o que devo fazer.

— Descubra. Você é inteligente. Sob esforços, chegará ao que lhe é preciso. Persevere e não queira resul-

*Oneida Terra/Sahija*

tados imediatos.

— Com o seu apoio, chegarei a entendê-los.

Iron levantou-se.

— Até breve, Gaston.

— E a sua amiga? Quando poderei vê-la? É alguém que poderei ajudar?

— Aguarde. Marcarei para que se vejam.

— Obrigado. Não se demore, preciso de sua proteção.

Gaston afastou-se. Um motorista aguardava-o à distância.

# Capítulo 3

Uma atmosfera nova recobria a cidade. Aproximava-se a comemoração do nascimento do filho de Maria.

Iron caminhava, saboreando o movimento que se expandia. Comprou pão, um pouco de creme, leite e bolo e buscou seu recanto. Subiu a escada com vagar. Sentia alegria por viver. Ao abrir a porta pintada de azul forte, lembrando as casas coloniais, observou vários bilhetes ali deixados. Os amigos desejavam-lhe sorte, agradeciam e expressavam, em letras mal redigidas, o reconhecimento pelo carinho que lhes oferecia. Deixou as compras, tomou-os com respeito e leu um por um. Não conteve o choro. Aconchegou-os ao coração, fechou os olhos e conversou com Deus. Adormeceu quase sem perceber. Ao despertar, as estrelas invadiam-lhe o quarto. Sorriu para elas. Namorou-as por um bom tempo. Convidou-as a comer pão com creme e pre-

*Um só coração*

parou o café. Gostava de cantarolar. Escolheu uma toalha bonita relembrando os grandes compositores.

O café tinha um aroma diferente. O pão estava macio e o creme, saboroso.

O que era, exatamente, viver? - pensava intimamente. A conversa simples com os deserdados da sociedade terrena; o contato com os ricos que se sentiam infelizes; a descoberta dos que expressavam força interior na luta gloriosa do bem viver; a harmonia com os que se uniam alegres, sob a força que a verdade expressa eram-lhe bens inextinguíveis. Amava a simplicidade em que vivia. As adversidades que vivera na juventude deram-lhe novos rumos. Se lhe fosse possível, gostaria de transmitir ao mundo inteiro o seu sentimento: uma gratidão imensa ao Soberano Senhor; grande vontade de participar do movimento da Vida, crescendo sempre; estar ao lado dos que buscam equilíbrio e anseiam vencer; nunca desprezar os mesmos que, tão-só, se voltam às buscas materiais.

Cessou o seu filosofar e buscou dar atenção ao alimento que o fortalecia. Batidas à porta e Tião ali estava. Tirou o chapéu e sentou-se.

— Café? Pegue o pão. Esse creme está superior, Tião.

— Estou sem fome. Não quero nada, Iron.

— Triste? Alegre-se, homem.

— Não. Não estou triste. Apenas pensativo.

— Pense comendo esse creme, e o seu pensamento ficará mais claro e forte.

— Quem é a menina? Olhos melancólicos e profundos. Amadurecida para a idade.

— Conheci-a há pouco, mas é como se a reencontrasse. Invade-me uma ternura de pai. É um reencontro.

*Oneida Terra/Sabija*

— Não desiste dessas idéias tolas, Iron?

— Impossível abandonar a verdade. Acreditar em uma só existência? Já analisou as desigualdades humanas e sociais? Por que somos diferentes? De onde viemos e o que fazemos nesses caminhos terrenos? Tião, é fundamental buscar a verdade. Cultivá-la a cada hora.

— Sequer acredito em Deus.

— Estamos próximos há alguns anos e sei que existe fé no seu coração. Não se diga ateu. Melhore o seu humor. Esforce-se para intensificar o positivo que há em você.

Lágrimas fugidias brotaram nos olhos tristonhos do sapateiro.

— Positivo... As lutas têm sido tão grandes que me esqueço de semear alegria.

— As lutas não impedem o aperfeiçoamento interior. Antes, são recursos e proteção perante as fragilidades íntimas. Confie nas suas possibilidades por mínimas que sejam. O Pai Eterno não faz exigências descabidas. Busque entender que, a partir das realidades mais simples, podemos atingir metas superiores. Como viver sem boa vontade e alegria? Torna-se pesada a relação que está ausente de palavras e pensamentos alegres.

Tião riu.

— Gostaria de sonhar como você.

— O que chama de sonho? A tranqüilidade que a fé proporciona? A esperança que alegra a vida?

— Sua maneira de ser. Vejo-o como um sonhador.

— E você está com os pés no chão? E não seria bom conservar os pés no chão e elevar o coração aos céus?

— Bastam-me os pés no chão. Olhar as estrelas é meio enganador. Ao abaixarmos a cabeça, as pedras aí

*Um só coração*

estão e ferem nossos pés.

— Você me parece sem direção, amigo.

— Não sou alegre e nem triste, não quero sonhar. Temo decepções.

— Não seria o seu comportamento uma fuga? Você teme a tristeza e a alegria também. Um homem que se recusa a olhar as estrelas não está bem.

— Não é verdade. Procuro não me enganar, Iron.

Iron colocou mais um pouco de café quente na caneca e olhou-o longamente.

— Nunca o vi feliz, expandindo sentimentos. Tampouco conhecemos sua dor, Tião.

— Interessaria a alguém? A maior parte tem prazer com nossas desgraças. Não estou querendo que chorem comigo. Bastam as minhas lágrimas.

— Não seria o seu coração capaz de semear sorrisos?

— Seriam verdadeiros, Iron?

— Você disse "a maior parte". E a menor, de que se constitui?

— De santos e sábios, mas não estão interessados em um sapateiro.

— Como sabe? Já procurou por eles, Tião?

— Se existissem, não teriam interesses em me conhecer, Iron.

— Há uma conformação doentia em tudo isso. Busque mudanças, Tião.

Tião ficou parado, olhando-o. Longo silêncio. Iron começou a tirar a mesa. O visitante ajudou-o.

— Terei tempo para mudar?

— Todo o tempo que quiser. Cultive boa vontade. Sem ela, é difícil.

— Nem sei como começar, amigo.

*Oneida Terra/Sabija*

— Assobie.

— Assobiar!? Coisa boba!

— Comece, Tião. Nas longas horas de seus dias, alegre aqueles que passam por sua calçada. Os que lhe trazem sapatos para consertar. Assobie, alegremente, e muitos sorrisos nascerão à sua volta. A tristeza que vier encontrará a beleza de seu sentimento feliz. Será mais fácil conviver assim.

— Como um passarinho? Cantando, assobiando, sei lá...

— Como eles. Cantam sem cobrar. Nunca se cansam e não exigem que alguém os ouça ou aplauda.

Tião começou ali mesmo a ensaiar, provocando a alegria de Iron. Por um bom tempo, ficaram juntos.

Ao se deitar, Iron relembrou as encomendas que esse ou aquele da cidade precisava enviar para fora. Nessas viagens, alcançava recursos para uma vida digna. Nada queria além do que lhe era necessário e todo excesso era entregue a quem precisasse.

. . . . . . . . . . . . . . .

Quase véspera de Natal.

Da porta simples, pendiam algumas fitas com flores. Iron mesmo as preparava.

Gaston parou admirando a singeleza ali exposta. Distraído, bateu várias vezes. O dono da casa não estava. Sentou-se no degrau. Esperaria ou não? Não concluíra o seu pensar, quando Etil chegou.

— Espera pelo senhor que mora aqui?

— Senhor Iron? Sim, somos amigos.

— Amigos? Com essas roupas bonitas? O senhor é

*Um só coração*

rico?

Não tivera tempo para responder. Iron saudava-os alegremente.

— Que bom encontrá-los juntos!

— Eu não sabia se devia esperar ou não.

— Como vai, Etil?

— Muito mal!

Fechou o cenho e não lhe estendeu a mão.

— Vamos entrar? A escada é pequena para nós. Venham.

— Vou embora, senhor.

— Por que veio, Etil? Para dizer que ia embora?

Etil estava zangada.

— O senhor mentiu. - Iron olhou-a curioso. Não entendia de pronto. - Mentiu ao dizer que é filho da rua e que os seus amigos são como eu.

Iron tentou afagar-lhe os cabelos, ela se afastou.

— Eu lhe disse que sou amado, que a rua é o meu campo de trabalho. Convivo com os que não têm o que vestir e com os mesmos que, como Gaston, perdem-se nos excessos. Busco ser sensível a tudo que cresce na Vida. Não me apego aos valores materiais. Muito mais quero a riqueza dos corações. Observo-a destacando sempre a miséria e a riqueza. Você está interessada nisso, eu não. Você repudia a pobreza e anseia riquezas.

A menina estava envergonhada. Abaixou a cabeça. Gaston tentou amenizar.

— Mudemos de conversa, por favor.

— Não. Não quero mudar essa conversa. Vou ouvir até o fim. Pode falar, Espantalho.

Ergueu a cabeça, enfrentando Iron.

— Acusa-me de interesses e mentiras. Você é pre-

*Oneida Terra/Sahija*

cipitada e atrevida. Falar sem base segura é presunção. A Gaston parecia que as palavras eram excessivas e contundentes. Etil era apenas uma menina.
— Não estamos diante de um juiz ou réu. Parece-me Etil é uma menina singela, senhor.
— Que precisa aprender respeito, Gaston.
— Vivo no meio da tristeza, da revolta e do abandono.
— Essas realidades levam-na a julgar?
— Pensei que o senhor vivesse só para os pobres.
— Seriam esses os únicos que precisam de amor? Quando é amor, Etil, não tem forma, nome, predileções. É simplesmente o conviver e trocar com alegria. Não quero limites. Os que dormem sobre seda têm suas dores e alegrias. Não desacredite dos seus semelhantes. Não associe bem-estar e felicidade a corpos bonitos, à riqueza e a prazeres fugidios. Nessas idéias, você provará ser materialista.
— Materialista? Não sei bem o que é.
— Seria acreditar, tão-só, nos bens que promovem luxo e riquezas. Seria resumir a Vida a uma existência apenas.
— Difícil o seu filosofar para essa menina, senhor Iron.
— Deixa, eu entendo. - Revelando um brilho estranho no olhar, uma introspecção profunda, afirmou. - Ele é filho das estrelas. Alguém mandou ele pra mim. Não se preocupe, Gaston.
Iron sentiu-se fundamente emocionado. Etil aproximou-se calma e beijou-lhe as mãos. Ele ficou imóvel. Lágrimas caindo suaves. Quieta, foi embora. Perdurou a quietude. Com cuidado, Gaston expressou sua admiração.
— Que menina estranha e encantadora! Não parece ser deste mundo.

*Um só coração*

— Ela é de Deus e veio enobrecer a minha vida.

— As roupas usadas e sem beleza refletem coisas que não defino. Os olhos são marcantes e belos. Ela parece um lírio nascido no charco. Alvo, sem os sinais da tragédia em que vive.

— Não chame de tragédia o que lhe é lição, Gaston.

— Seu filosofar não me é acessível. Parece-me de muito mau gosto oferecer esse tipo de lição a alguém. Em que a miséria ajudaria? Em que contribuiria para que se aprendessem coisas boas? Não o entendo!

— Faltam-lhe vivências, meu jovem.

— Vivências?

— Não existe no seu viver a conversa com Deus, o conhecimento da Lei, as trocas simples com o próximo.

— No prazer, desfrutamos sem questionar, senhor.

— E na dor, Gaston?

— Buscamos fuga. Não queremos encará-la. Poucos têm paciência com o sofrimento. Reclamar traz alívio, mas fugir é melhor, bem melhor!

— Engano, Gaston. As lamúrias provocam aturdimento. Afastam possibilidades de pensamentos claros e de posições transformadoras. Fugir é agravar fragilidades.

— Não vamos ficar falando de sofrimentos. Vim conhecer o seu recanto.

— É o meu espaço ideal. Venha.

Terminaram de subir. A conversa com a menina levara-os a descer alguns degraus.

Gaston ficou emocionado. Como alguém poderia sentir-se feliz naquele pequeno espaço? Relembrou sua residência. O apogeu em que vivia. Posição permanente de presunção. Nenhum cuidado com qualquer tipo de economia. Embaraçado, mal sabendo dar um passo, abaixou-se disfarçando lágrimas. Acariciou as flores, falou sobre elas.

— São simples e lindas. Parecem bem cultivadas.

— Minhas amigas. São minhas amigas. Perfumam este recanto, embelezam-no.

— Considera-as assim? Nunca pensei nas flores como amigas.

Gaston respirou fundo e parou na janela. Ficou silencioso. Iron ferveu água e preparou chá. Tinha roscas.

— Há uma quietude amorosa aqui.

— Cuido de meu espaço com carinho, Gaston.

O rapaz examinou, detalhadamente, todo o ambiente.

— É um excelente proprietário, senhor.

— Ficarei aqui enquanto estiver na Terra.

— Claro. Depois irá para o céu.

— Não brinque. Importa-me continuar na casa de Deus. Ele conhece as melhores direções. Este recanto não me pertence. Ficará como herança a quem precisar.

— Se fosse possível, eu o pediria para mim. Aqui existe paz.

— Tome o chá. Está forte, aromático.

— Essa coberta sobre a cama? Bordou nas costuras?

— Tentei valorizar os retalhos. Eu mesmo a confeccionei.

— Roscas? Estão saborosas.

— Qual a história que mais o agrada, Gaston?

— A sua, senhor.

— Não, por favor. Pense no nascimento do menino filho de Maria e José.

Gaston não lhe deu atenção.

— Como conseguiu esse quarto?

— Um amigo ajudou-me em momentos difíceis. Concedeu-me ficar. Encontrei-o sujo, janela quebrada, sem

*Um só coração*

a mínima beleza. Refiz cada detalhe.

— E incorporou belezas: cortinas, flores e um quadro.

— Lembrança de minha mãe. A única que me ficou. Pintado por meu pai.

— É um pequeno porto. Muito bem pintado.

— Homens, mar, horizonte, esperanças, encontros, possibilidades sem conta de troca. Gosto de viajar, transpor limites e encontrar o povo.

— E a dor? Fale-me da dor.

— Ela me levou a crescer. Tornei-me humano. Sou feliz.

— Não existe espaço onde ela não esteja. Algumas vezes, tenho medo. Há dor em toda parte.

— O homem é insensato. Afasta-se do encaminhamento superior, provoca-a, Gaston.

— Nós a provocamos? Penso que somos vítimas da fatalidade. E o azar?

— Azar... - Iron sorriu com calma. - Não existe azar e, sim, displicência, perseguição, desregramento. Afastado de Deus, o homem sofre.

— Nunca fala mal desse Soberano Senhor? Não perde a paciência com Ele? Defende-O e diz não existir falhas no que ocorre com a humanidade.

Gaston parecia-lhe um menino imaturo, sem preparo.

— Ele é, verdadeiramente, Soberano. Nada nos credencia a julgamentos. Ele ama, criando sem cessar, além, muito além de nossas pobres possibilidades de entendê-lO. Só o amor conduz ao sentimento de harmonia com o Pai. Esforce-se por essa conquista.

— Sou um inútil! Nem os meus pais consegui cativar...

— Não exagere e não se descuide desse ideal de compreensão com eles.

— E a menina voltará? Ela parece misteriosa, também.

— Etil precisa de ajuda. É filha de pais adotivos. Há enfermidade e desânimo na família.

— Estão enfermos?

— Sim. Má vontade, descrença, desânimo, transferências...

— O senhor é engraçado. Pensei que sofressem do coração, do estômago, sei lá!

— As enfermidades d'alma são mais fortes e exigem sérios cuidados.

— Em que poderíamos ajudar?

— O melhor bem é o amor. Sob esse sentir, não há julgamentos e abandono. Transmitem-se forças.

— Não o tenho para dar e nunca o enganei. Posso oferecer moedas, só moedas.

— Faça-o com consciência, mas não se limite a oferecer o pão material.

— Penso que, junto ao seu apoio, conseguirei.

— Vamos visitá-los, Gaston?

— Ir até eles? Poderá ser perigoso. Poderão me odiar, perseguir e não compreender minhas riquezas.

— Troque de roupa, Gaston. Traga leite, pão, creme e biscoitos. Levarei flores e brincadeiras.

— Flores e brincadeiras a quem morre de fome?

— Precisam muito mais de amor. Amanhã estarei a sua espera.

— Senhor... tenho medo. Nenhuma experiência...

— Amanhã, Gaston, não se esqueça.

Firmeza e amparo transpunham os limites do corpo e banhavam o coração do jovem. Os olhos encharcaram-se e, não resistindo, abraçou-se a Iron.

*Um só coração*

— Ajude-me, tenho medo! Irei decepcioná-lo.
— Ou teme decepcionar a si mesmo? Confio no seu coração!
Por longo tempo, conversaram.

# Capítulo 4

Os canecos estavam limpos. Os pães torrados nas brasas. A mesa posta.

Lígia esfregava uma roupa em água encardida, o semblante era tristonho.

— Passei o café, mãe Lígia.

— Não quero esse pão velho com café ralo. Prefiro ficar com fome. Não sou lata de lixo.

A menina abaixou a cabeça.

— Tentei encontrar trabalho. Vou conseguir.

Lígia deu de ombros.

A poucos passos, Iron e Gaston observavam-nas. Etil assustou-se.

— O senhor veio!

Lígia voltou-se nervosa.

— Quem são? O que fazem neste pardieiro?

— Somos amigos, não se preocupe. Faço parte dos monturos e das belezas desta cidade.

— E das estrelas também, senhor.

— O que é isso, Etil?

*Um só coração*

— Ele veio das estrelas, eu pedi. Fui ouvida, mãe Lígia!

— Pare, Etil! A fome está enlouquecendo cada um neste casebre!

— Por favor, conversemos, senhora.

— Em meio a essa desordem? Não fiquem aqui!

— Um espaço pequeno que pode ser organizado. Não acredita em transformações?

— A esperança baseia-se em alguma verdade. Aqui não há a menor condição de reforma. Nem vale a pena jogá-lo ao chão para refazê-lo no mesmo lugar!

— Cale-se, Gaston! Veio para desanimar?

— Ele está certo, senhor! Odeio este lugar feio! Nem com o sol fica bonito!

Lígia desabafava sem a menor reserva.

— Vejo-o com outros olhos. Se o sol chega aqui, há vida, muita vida. Teriam que se retirar por uns dias para que fosse refeito.

— Estou pronto a ajudar, mas nada sei fazer. Falta-me experiência.

— Farei o que for preciso, senhor.

— Muito bem, Etil. Contamos com sua colaboração.

— Arranjará um lugar para ficarmos?

— Com certeza. Trouxemos pães quentinhos, bolo, creme e leite. Estou com muita vontade de tomar café.

— Já repassei a água no pó mais de três vezes. Não temos pó fresco, desculpe.

— Gaston irá bem rápido comprar para nós.

O jovem, com roupas mais simples, estava meio atrapalhado.

— Tudo bem! Tudo bem! Irei o mais rápido possível!

— Posso ir com ele, mãe Lígia?

— Você está sem banho, roupa velha e descalça. Parece molambo.

— Fique comigo, Etil.

Iron tomou-a pela mão. A menina sentiu-se renascer. Nunca alguém a tratara assim.

— Minha mão está feia.

— Parecem-me úteis e isso é importante, Etil.

Deixou-se ficar. Quieta, percebia o coração a saltar feliz. Desejou que a noite chegasse logo. Iria agradecer às estrelas. O rei estava ao seu lado.

Gaston retornou trazendo muito mais do que lhe fora pedido. O próprio Iron colocara água para ferver e fizera o café. Leite fervido, partiu o bolo e passou creme no pão. Sentou sobre caixotes, forrando a mesa de pé quebrado com papel e sentiu-se o homem mais feliz do mundo. Etil estava ao seu lado e falava sem parar.

— O senhor trocou de roupa para vir à minha casa?

— "Casa", Etil? Moramos em um pardieiro! E não seja indiscreta. Cale a boca! Você fala demais!

— Em breve, será um lar, senhora.

Gaston estava sem graça. Não se sentia à vontade com o caneco na mão. Suas louças eram de porcelana fina. As iguarias eram outras. Vacilava ao tentar disfarçar a falta de jeito.

Na despedida, marcaram novo encontro. Trariam soluções. Etil sentira quase irresistível desejo de beijar as faces de seu rei-espantalho, mas tivera vergonha. Lígia sentia-se como a Gata Borralheira. Tornar-se-ia, nos seus sonhos, uma linda princesa.

A noite estava escura. As estrelas não compareceram e Etil dormiu cansada na espera.

*Um só coração*

Gaston andava de um lado para o outro. Seus vastos aposentos pareciam-lhe frios. Pisava os tapetes de qualidade relembrando a terra sem vida onde estavam Etil e sua família

Um pranto ameaçava aflito. Tentou recobrar ânimo pensando em Iron. Sua coragem transpunha limites, estimulava-o a prosseguir. Relembrou o primeiro encontro. Inesquecível pelo que pensara fazer.

Em dolorosa solidão, intentara matar-se. O rio, que contornava parte da cidade, parecera-lhe o ideal. As águas fortes carregá-lo-iam para muito longe. Envergonhava-se. Nunca quisera trabalhar. Os pais facultavam-lhe tudo e o vazio parecia devorá-lo. Esperou a viagem dos pais à Europa, organizou suas coisas e saiu deprimido. Caminhou devagar, gastando um bom tempo até as margens espaçosas. Durante longos momentos, pensou em sua existência destituída do alto e profundo sentido da Vida. Foi caminhando, meio fora de si, em direção à água. Molhavam-se os pés. A água chegava aos joelhos quando mãos vigorosas detiveram-no.

— Não é a melhor hora para um banho. Volte.

A sonoridade daquela voz ressoava até hoje, conduzindo calor ao seu ser. Não resistira e, ao virar-se, o olhar profundamente magnetizador despertara-o.

— Deixe-me! Deixe-me, preciso partir!

— Qual o rumo? Tem uma direção correta?

— O nada. Conhece o nada?

— Impossível, ele não existe. Tudo é Vida e Amor. Prosseguir é vitória.

— Não tente atrapalhar. Demorei para tomar essa

decisão. Saia!

— O amor divino prepara caminhos para não ferir-mos os pés. Dá-nos o sol, a lua e as estrelas. Colore o céu para que nossos olhos vivam em meio ao belo. Tudo magistralmente pronto e quer partir?

Parou, olhando-o.

— Falo de morrer. Morrer, está me ouvindo?

— Sei apenas de viver, lutar e crescer.

Gaston soltou dolorosa gargalhada. Amarga, transformou-se em pranto convulso. Por minutos, desabafou.

Iron trouxe-o à margem. Ele estava fraco.

— Por que me impediu de seguir o meu destino?

— Só há uma destinação na Vida: o aprimoramento. A harmonia com Deus. O conviver com todos.

Gaston jogou-se no chão e fez pirraça como criança.

— Tudo mentira! Mentira, mentira!

— Jamais a covardia o conduzirá à verdade, levante-se.

— Covardia? Chama-me de covarde?

— Absoluta covardia. Olhe nos meus olhos.

— Não me conhece! Pare de me julgar!

— Conheço o medo, a solidão e a indiferença que se expressam nas suas faces.

— Tenho direito a optar! Deixe-me!

— Sua dor de agora é conseqüência de liberdade já vivida. Destruindo o corpo, imergirá em circunstâncias muito mais tristes. Se não suporta o momento atual, como será após a sua covardia?

— Nada me alegra! Não tenho razões para lutar!

— Cuide de você mesmo. Aprenda a lutar. Trabalhe, conquiste.

— Os meus pais fazem isso. Vaidosos, anseiam riquezas. Só não se esquecem dos mimos ao filho querido.

*Um só coração*

Único herdeiro de muitos bens.

— Vamos embora? Saiamos daqui.

— Voltar para casa? Está vazia! As riquezas que lá estão guardadas não me fazem companhia.

— Onde gostaria de ficar?

— Não sei. Não tenho amigos.

Nos meses em que os pais estiveram fora, Gaston ficara na fazenda de um grande amigo de Iron. Os ares do campo, generosos e fecundos, fizeram-lhe imenso bem. Encontrara Iron várias vezes e sentira-se mais forte.

Sentiu vontade de sair daquela soberba residência e morar mais próximo à natureza. Pensou, pensou e pensou. Falaria com seu protetor.

Seu sono refletia suas novas buscas. Nele, havia fadas e bruxas. Lutava clamando liberdade e sentia-se fraco e forte. Os olhos de Etil e Lígia buscavam-no e, quais meninos ingênuos, sentiram-se correndo no campo. Gritaram e gritaram por Iron, mas ele não aparecera. Por certo, estaria ao lado de alguém em dor. Eles estavam juntos e felizes.

No escuro, Iron espiava o céu. As estrelas estavam ausentes. Queria enviar notícias a Etil, dizer-lhe que a amava e que lutariam juntos, mas as mensageiras não estavam visíveis. Seu coração indicava-lhe rumos. Traçaria um plano de trabalho que proporcionasse a Etil e Lígia uma casa limpa e aconchegante. Dar-lhes-ia segurança. Lígia poderia trabalhar e sentir-se útil e, para Etil, contrataria mestres. Inteligente, conseguiria aprender sem dificuldades. Alegre e confiante, fechou a janela e buscou repouso.

# Capítulo

## 5

Brulin estava diante de Iron. Faces carregadas, tristonhas.

— Como está, Girassol?

— Muito mal, meu amigo.

— Impossível vê-la assim! Ninguém perde os bens morais que possui. A sua coragem, a alegria constante, o modo especial de entregar aos outros o que precisam são-lhe força.

— Querem me expulsar. Não sou um animal, Iron!

— A cidade cresceu. Nasceram casas novas. Antes, o seu reduto ficava distante. Procure entender.

— Não tenho para onde ir. Como quer que eu entenda?

— Dramatizando, ficará pior. Não falta espaço na casa de Deus.

— As autoridades abusam do poder. Tentarão destruir o que tenho sem me oferecerem outro espaço melhor. Muitos deles não saem do "Flor Negra".

*Um só coração*

Brulin era uma mulher que se aproximava dos cinqüenta anos. Conservava-se muito bela e ainda encantava muitos homens. Expulsa de casa pelos pais, por uma gravidez no período do noivado, vira-se só, aos dezesseis anos, sem ter para onde ir. O noivo a deixara logo depois do nascimento do filho, que junto a eles ficara apenas algumas horas. Zoca das Flores, uma mulher bastante conhecida na cidade, dona então do "Flor Negra", tivera para com ela a atenção maternal que lhe faltara da família. Imenso carinho floresceu entre elas e Brulin, refeita das enormes decepções que sofrera, tornou-se a herdeira única de "Flor Negra".

Zoca da Flores estava com mais de setenta anos quando conheceu Brulin. Nunca se casara e tinha anseios de ser mãe. Transferiu para a jovem muito do jeito de lidar com os homens e, mesmo afastadas de qualquer vínculo familiar, eram dignas.

— A melhor solução é buscar ter calma. Quando confiamos, o nosso sentimento positivo já é solução. Não aprendeu ainda?

Brulin riu gostosamente.

— Velho sonhador! Irresistível maltrapilho! Se não aparecer um bom espaço onde eu possa colocar minhas meninas, ficarei no seu quarto. O que acha?

— Se lhe for útil, use-o. Eu o entregaria com prazer.

Ela sentiu que Iron falava com sinceridade.

— Não quero a sua toca. Só ficarei onde couberem as sete.

— Tentarei ajudá-la. Fique calma.

Brulin ficou pensativa.

— Sei de seus mistérios, Espantalho.

— Não existem mistérios. Tenho amigos. Nunca

peço por mim. Existem bons corações, disponíveis e felizes na cooperação. Confie, Brulin.

— Qualquer pessoa que saiba o que faço não ajudará. Consideram-me de má vida, Iron.

— Engano seu. Os sentimentos bons não fazem julgamentos. Cooperam e passam, Brulin.

— Procuro sempre lutar, mas, neste momento, não sei como fazer.

— Conseguiremos, tranqüilize-se.

— O que ocorre com pessoas sem amigos? Parece-me impossível viver sem eles.

— Amigo é conquista. Quem cultiva tem.

— Uma grande parte caminha solitária, Iron.

— Por não aceitar o Poder Superior como expressão máxima de amor.

— A muitos é inacessível essa força. Homens sem cultura, teto ou pão. Inquietos e medrosos, submetidos a opressões. Como confiar? Parece-lhes vago esse amor.

— E por que chegaram a esse estado? Seria descuido do Poder Superior ou inércia e indiferença, gerando maiores fragilidades? O rumo para a harmonia com a Divindade é a sensibilidade. Deus não se descuida. A todos, oferece trabalho. Brulin, somos itinerantes dos milênios. Através da sabedoria divina, que nos recoloca sempre em novas e fecundas oportunidades, podemos atingir equilíbrio. Pense que não fomos criados no momento da concepção. Vivemos em outras civilizações, conhecemos culturas variadas. O que fizemos conosco mesmos?

— Nunca o convenço, grande imperador?

— É necessário refletir com justiça. Acusar, transferir ou ficar à espera é comum. Indispensável o esforço

*Um só coração*

próprio, a perseverança e a alegria mesmo nos instantes difíceis.

— Poucos aceitariam viver como você. Sua vida é simples, mas não existem filhos, mulher e as urgências que a família impõe.

— Sei que, unido à família, a luta é grande, mas não acredito que impeça a simplicidade. Prefiro não formular juízos a respeito de uma situação que não vivo.

— Considero-o forte, Iron.

— Sou esforçado. Amo a Vida e quero me harmonizar com o Criador.

— Preciso retornar. Deverei sair, então?

— Sim, Brulin. Seja amável com os que lhe solicitam partir. Peça-lhes, apenas, um tempo. Tomarei providências.

— Confio e não reagirei com rebeldia. Não por eles. Você me cativou. Seria capaz de qualquer renúncia para ficar ao seu lado. Não existe outro igual. Você é único. - Olhou-o bem. - O meu único amor. Até breve.

— Pare de sonhar! Sou como todos os demais.

Iron saiu imediatamente. Buscaria um abrigo para Brulin.

. . . . . . . . . . . . . . . .

Um bom tempo transcorrera. Ele estava diante de portões quase intransponíveis. Um serviçal atendeu ao chamado. Entregou-lhe uma pequena mensagem e aguardou. Não tivera que esperar por longo tempo. Os portões foram abertos. Encaminhou-se para a porta dos fundos.

— Senhor, senhor. - O criado convocava-o a entrar pela frente. - Venha, venha, o senhor Fort pede-lhe en-

Oneida Terra/Sabija

trar por aqui.

— Não se preocupe. Estou bem à vontade. Quero cumprimentar Ariane.

O criado silenciou. Iron foi como queria. Ariane, a cozinheira, assustou-se.

— Quem está aí? - Deu um grito ao vê-lo. - Velho sem-vergonha, esquece os amigos?

Abraçou-o com imenso carinho.

— Impossível esquecermos aqueles a quem amamos! As solicitações são contínuas, muitos a atender. Vocês estão bem. Conceda-me ficar com os que estão em dor.

Ela o abraçou mais uma vez.

— Não se importe! Estou ficando velha e rabugenta. Mas - olhou-o com imenso carinho - tenho muita saudade.

— Obrigado. Não a esqueço. Ninguém ocupa o seu lugar no meu coração.

Beijou-lhe as mãos.

— Bons momentos, inesquecíveis os primeiros meses nesta cidade. Devemos muito a você.

— Esqueça isso! E a família?

— Crescendo. Tenho mais dois netos.

— E Elisberto?

— Um pouco cansado, mas não pára de trabalhar. Mas não demore. Meu senhor deve estar ansioso. Há muito não o vê.

— Quase um ano. O tempo não pára.

— Vá, vá. Não vamos prolongar a conversa. Ele não gosta de esperar.

A sala era imensa. Móveis de excelente qualidade compunham a beleza e a elegância daquele ambiente.

*Um só coração*

Fort emocionou-se ao vê-lo. Incontido pranto veio inexorável. Preso a uma cadeira de rodas, esticou as mãos pedindo abraço. Iron aproximou-se devagar, surpreso ao vê-lo como estava.

— O que houve? Por que não me contou nada?

— Ia lhe contar, mas estou me preparando para lhe escrever passando o melhor de mim mesmo. Recebeu todas as minhas cartas?

— "Todas" significa três. Mandei as respostas.

— Guardei-as com grande carinho. Obrigado, reconfortam-me. Fiquei em falta. As suas são muitas. Gosto muito de suas cartas.

— Gosto de escrever. Como aconteceu, amigo?

— Lembra-se de minhas dores? Cresceram muito e cheguei a um tumor que me roubou parte dos movimentos. Nada a temer. Aprendi muito com você e continuo a rezar. Busco aliviar a consciência sendo útil.

— Não consegue esquecer, Fort?

— Não quero esquecer. Preciso relembrar minhas inconseqüências e vigiar-me para não incorrer em novas tentações.

— Júlio está bem. No tempo, aprende a amá-lo.

— Não duvido, nunca duvidei, Iron.

— O seu coração foi o que mais sofreu, Fort.

— Aprendi muito. Tornei-me mais humano e simples. Há uma forte relação entre nós. Sua mãe foi admirável.

— Tentou ajudar a todos nós.

— Deixou-nos cedo.

— Penso que na hora certa partiu. Se mamãe não se cultivasse nas bases felizes da moral, poderíamos pensar que precipitou o seu regresso às paragens espirituais.

*Oneida Terra/Sabija*

Mas era esforçada e sincera. Aceitava lutar e não permitia disfarces ou fugas em meio às adversidades. Quando papai desencarnou, ela era nova e eu, bem pequeno. Não sobrevieram pensamentos vazios, idéias tolas. Mostrou-se corajosa e dócil, transformando dores em alegrias. Sua fé no Poder Superior é-lhe sustentação constante.

— "É-lhe sustentação constante". Como sabe? Comunica-se com Anunciata?

— Respeito e utilidade caracterizam nossa proximidade.

— Parecem-me estranhas essas coisas. Pensava seriamente que a morte era o fim.

— Vida e justiça, caro amigo. Estamos regidos por infinita sabedoria. Confie!

— Essa justiça me alcança agora. Um ato impensado... Um enorme impulso negativo, em menos de minutos, provocou dores terríveis.

— Lições, meu amigo. Importante tirar bom proveito do que vivemos.

— Dolorosas lições! Lamento, Iron!

— Já lhe disse o quanto cresci. Lamentar é não acreditar no aproveitamento que veio para todos.

— Estraguei sua juventude. Sei que o seu futuro seria brilhante.

— Não guardo essa certeza. Sei, por experiências, que foi bom como foi. Diferente dos acontecimentos que se sucederam àquela noite fatídica, tudo é suposição. Não acredito em acaso. Busquei viver dignamente e acabei por ganhar um amigo.

— Júlio? Você ensinou a nós dois. Embora sejamos bem mais velhos, é como se você fosse nosso pai.

Iron riu suavemente.

*Um só coração*

— Dois filhos mais velhos do que eu!

— Agrada-lhe essa idéia, Iron?

— É simpática. Não se esqueça de que Júlio não tem mais idade...

— Que país é esse? Seria das sombras? Não sei como definir claramente sobre isso. Morte, não-morte... sei lá, é confuso! Sempre fui muito apegado.

— A eternidade é uma bênção inigualável. Já conversamos sobre isso.

— Inúmeras vezes! Mas não é ouvir, pensar, é sentir. Sem as vivências...

— Continua confuso?

— Não propriamente confuso. Não me é simples sentir plena confiança. Tenho medo. Quer um chá?

— Não dispenso qualquer sabor que venha das mãos de Ariane.

Tocou o sinete. Logo, logo, saboreavam um bom chá.

— As torradas são leves e o bolo, com pouco açúcar.

— Incomparáveis. E o velho Babi?

— Forcei-o a ficar um pouco mais em casa. Contratei um outro jardineiro para não sobrecarregá-lo.

Iron fixou-o detidamente. A mudança de seu anfitrião era visível.

O velho Fort pediu que ninguém os interrompesse. Não tinha nenhuma pressa ao lado de Iron. Queria bem viver aqueles momentos.

— Venho em busca de auxílio para uma amiga.

— O que for preciso! Disponha do que lhe é urgente. Não posso negligenciar minha promessa a Júlio e a você.

— Não o faça pela promessa e, sim, pelo sentimento de amor.

*Oneida Terra/Sabija*

— Será que amo? Gostaria de voltar à juventude, à saúde e à força que possuía. Velho, frágil e paralítico, é fácil mentir. Quem não acreditaria? Eu mesmo estou inclinado a acreditar no que digo. Não, Iron, na outra vida, que você diz existir, poderei constatar meus sentimentos.

— Como quiser, meu velho.

— Importa-se que falemos um pouco sobre Júlio e os acontecimentos que nos envolveram?

— Para que se maltratar? Vivemos e crescemos. Isso é importante.

— Não, não, não é maltrato. Quero recordar, desafogar minh'alma.

Iron afagou-lhe as mãos. Lágrimas molharam as faces do senhor daquela residência suntuosa.

— Antes de qualquer reminiscência, vamos conversar com Deus.

A voz pausada de Iron ergueu-se em um agradecimento comovente ao Criador.

O velho Fort sentiu-se reconfortado. Sentia-se em melhores condições para a retrospectiva que desejava fazer.

Iron afastou a cortina e recostou-se na janela. Apesar do frio, existiam flores no jardim e elas eram suas amigas. Abstraiu-se por leves segundos, mas a voz do velho Fort trouxe-o de volta à sala.

— Lembra-se tão bem quanto eu, Iron?

# Capítulo 6

O frio pareceu crescer. Iron fechou o sobretudo.

— Prefere que feche as janelas, amigo?

— Deixe-as. Preciso de muito ar, muito ar.

No íntimo do velho Fort, havia um constrangimento. O olhar nublava-se de remorso.

— Seria mesmo indispensável essa conversa? Pense bem...

— Imprescindível, meu caro.

Iron sentiu que algo iria se consumar.

— Seja feita a sua vontade. Se assim quer...

— Obrigado. - Ficou em silêncio fixando Iron e por fim... - Venha para mais perto.

Ficaram próximos. Um de frente para o outro.

— Quer outra manta sobre as pernas?

— Não, não, Iron. Preciso de calor é no coração. Você era quase um menino quando o vi pela primeira vez.

Lágrimas fartas.

*Um só coração*

Iron mergulhou inteiramente nas lembranças...

. . . . . . . . . . . . . . .

O dia estava leve. A primavera seguia deixando suas marcas de beleza. Dona Anunciata acompanhava o seu amado filho Iron à entrevista na busca de trabalho. Viúva desde cedo, esmerava-se para que não faltassem ao filho atenções e carinho. Iron estava às vésperas de completar dezesseis anos. Maduro e resoluto, alegre e amoroso, não lhe dava preocupações. Excelente aluno, lidava com os números com admirável facilidade. Através de um amigo, a entrevista fora marcada. O senhor Fort, então bordejando os trinta e oito anos, recebeu-os no rigor e ansiedade que lhe eram peculiares.

— Estão em busca de algo que realmente considero indispensável: trabalho! A ociosidade é mãe de muitas desgraças.

— O meu filho, acima de tudo, é responsável.

— Senhor, não gosto da inutillidade. Quero trabalhar.

Mãe e filho impressionaram pela sincera força de seus sentimentos. Quase irresistíveis àquele homem.

— Algo específico que deseje fazer?

— Neste momento, não farei pedidos. Na seqüência das experiências, assumirei o que me for escolha.

— E posso saber quais os seus ideais?

— Não, senhor.

Fort tivera um sobressalto. O rapaz parecia-lhe atrevido.

— Como?

— Mostrarei trabalho. Nada de excessivas palavras.

— Apóio Iron. Muitas palavras, para quê?

Dona Anunciata era ainda bem jovem. Tinha uma

beleza diferente. Magra e elegante. Determinada e discreta. Fort cobiçou-a em secreto.

— Fique a partir de agora.

Chamou alguém.

— Pois não, senhor.

— Leve esse jovem para Júlio. Eles têm muito para conversar.

— Com licença, senhor Fort.

Dona Anunciata fez movimentos, intencionando acompanhar o filho. Ele a deteve.

— Alguma coisa?

— Precisamos conversar. Seu filho é quase um menino e ficará entregue aos meus cuidados.

— Confio muito em Iron. Tem idéias determinadas. Já nasceu maduro.

— Onde residem?

— Perto do parque das flores.

— Belo lugar...

— Meu inesquecível companheiro legou-nos duas propriedades muito confortáveis.

Fort sentiu ciúmes. O companheiro tornar-se-ia esquecido. Ele queria aquela mulher.

— O que faz, senhora?

— Trabalho com obras de arte.

— Em que, especificamente?

— Estudo os grandes mestres da pintura e interpreto-lhes as obras.

— Uma crítica de arte?

— Uma grande admiradora de todos eles.

À proporção que conversava, Fort sentia-se invadir por um desejo irresistível.

— Gostaria que me falasse dos quadros que pos-

*Um só coração*

suo. Poderei buscá-la?

— Irei à sua casa, marque dia e hora.

Tocou o sinete. O atendente veio rápido. Ele não tolerava esperar. Segundos, para sua enorme ansiedade, pareciam anos.

— Dona Anunciata marcará dia e hora para ir à minha casa. A escolha é dela. Incumba-se disso.

— Pois não, com licença.

— Apenas uma condição, senhora: vá sem pressa.

Júlio conversava com Iron e visível era a simpatia crescente entre eles.

— Estou plenamente de acordo com Fort! Você ficará conosco. Ser-nos-á muito útil.

Em rápidos dias, Iron integrou-se aos trabalhos do laticínio que cobria não só a cidade, mas toda a região. Não era seu objetivo ficar ali para sempre, mas precisava de recursos para atingir seus ideais. Foi-lhe fácil perceber que Fort e Júlio permaneciam no mesmo negócio pelo sucesso do laticínio, mas tinham maneiras totalmente diferentes e altercavam-se demais.

Dona Anunciata atendia aos seus compromissos com tranqüilidade quando foi procurada por Fort.

— Pedi-lhe uma visita e não fui atendido.

— Outros aguardavam como o senhor. Não fujo do respeito aos meus semelhantes.

— Quanto lhe pagam? Dou-lhe mais do que o dobro.

— Lamento. Não me interessam os excessos.

Oneida Terra/Sabija

— Excessos? Que idéia é essa? O dinheiro nunca é demais.

— Temos concepções diferentes a esse respeito.

Fort tremeu. Queria aquela mulher a qualquer preço. Faria loucuras por ela, mas percebia que precipitações colocariam tudo a perder.

— Perdão, perdão! Sou um insensato! Esperarei o tempo que lhe aprouver.

Tomou-lhe a mão, beijando-a.

— Agradeço-lhe. Assim que me for possível, irei com prazer.

Anunciata observou-o se afastar sob alguns temores. Iron aproximou-se tranqüilo.

— Mamãe, não pretendo ficar mais do que dois anos nesse trabalho. Concluirei meu curso, terei algum recurso e iremos embora. A senhora terá clientes por onde for.

— A propósito, Fort acabou de sair. Tentou me pressionar. Disse-lhe que iria à sua casa quando pudesse, mas irei hoje mesmo.

— Que bom! Não agüento mais ouvi-lo sobre isso. Tenho compaixão, vejo-o ansioso e exigente em excesso. Nada o satisfaz. Convidei Júlio para jantar conosco, tudo bem?

— Claro, meu filho. Júlio me parece solitário.

— Mamãe, preciso ir.

Dona Anunciata preparava-se para sair quando bateram à porta. Fort estava ali.

— Rogo o seu perdão. Fui rude.

— Não se preocupe. Algumas vezes, as fragilidades são maiores do que a nossa vontade. Irei à sua casa.

— Que bom! Eis aqui o seu criado para conduzi-la

*Um só coração*

com mais conforto.

— Gosto de caminhar.

— É um crime deixá-la só. Vamos.

Ela considerou que seria indelicado não segui-lo. Um tanto pensativa, deixou-se conduzir. Chegaram à residência que não a agradou. Mistura sem critério de épocas e estilos. Pesado o ambiente.

— Não comece de imediato. Vamos conversar. Deve viver grande solidão.

— Estou aqui para falar de suas obras, não de minha vida.

— Perdão, não quero ser indiscreto. Vejo-a jovem e bela.

— Não vivo só. Meu filho está ao meu lado e o companheiro, também. Não existe morte.

Ele percebia, com profunda e disfarçada irritação, como seria difícil conquistá-la.

— Eu a incomodo, não é? Irei para o trabalho. Faça a sua análise por escrito.

— Por favor, não se magoe. Sou sincera, apenas isso.

Dona Anunciata não gostava de ser indelicada e não pretendia atrapalhar Iron.

Segurou-lhe a mão. Ela quis recuar, mas conservou-se firme. A proximidade causava-lhe mal-estar. Há mais de dez anos estava só. Não se concedia nada, a não ser trabalho, e a presença masculina trazia-lhe algo diferente. Ele percebeu a vacilação momentânea e aproveitou-se, colocando a mão no seu ombro. Impregnou-se de carinho e esforçou-se para dominá-la.

— Por que esse repúdio? De que tem medo? Não sou nocivo. Não confia em você mesma?

Passou a mão no seus cabelos claros e sedosos. Ela se sentiu enfraquecer. Fort era um homem atraente e sabia lidar com as mulheres.

— Por favor, reserve-se um pouco mais.

Tentou afastá-lo.

— Eu o farei, mas com uma condição: - ela estava amedrontada e ele, envolvente. - quero um único abraço. Juro que será um só. Como vê, estou à míngua de carinho. Criei-me sem família e continuo só até hoje. Cansei-me de abraços vazios.

Fort estava sendo sincero. As suas carências somavam-se às dela. Ela tentou retrucar, mas sua voz estava frágil.

— Não estou carente como o senhor pensa.

— Só um abraço. Custaria tanto assim?

O corpo-menino de Dona Anunciata perdeu-se nos braços daquele homem. Os seus anseios reprimidos aguçavam-se e ele não a soltava.

— Deixe-me. - Pediu débil. - Deixe-me.

— Será um único abraço. Não poderá ser breve. Olhe para mim.

Tentou fugir. Estava sucumbindo.

— Deixe-me, senhor.

Forçou-a a fixá-lo.

— Quero um beijo, um beijo...

— Era apenas um abraço...

— Precisamos que o abraço complete-se num beijo. Beije-me. Sinto o calor de seu corpo. Tudo em você pede beijos.

Impossível resistir. Por toda a tarde, estiveram juntos.

À noitinha, deitada nos seus braços, ela foi sincera:

— Apesar da integração de nossos corpos, eu o sin-

*Um só coração*

to um estranho. Parece apenas o meu corpo exigia essa entrega. A alma pertence a outro.

— Você é a alma. Se existe alma, você é a alma. Beijou-a muito, impedindo-a de falar o que ele não desejava ouvir.

Anunciata voltou à sua casa meio constrangida. Ao olhar Iron, contudo, sentiu-se calma. Ele não era de julgar ou fazer perguntas indiscretas. Estava alegre, estudando como sempre.

— Adiantei o jantar. Caldo de legumes.

— Obrigada, meu filho.

— Tia Helen esteve aqui. Preocupa-se por ocupar nossa casa. Não quer causar prejuízos.

— Tentei acalmá-la, mas não consegui, Iron.

— Disse-lhe a mesma coisa. Não estamos precisando de nada, temos tudo o que nos é necessário.

— E se déssemos a ela aquele imóvel?

Ele a olhou confiante.

— Faça o que lhe parecer melhor. Tia Helen tem cinco filhos para criar e não é prendada e resoluta com a senhora.

— Farei isso, Iron. Ela ficará mais segura.

Abraçaram-se carinhosos.

— A senhora tem um coração lindo. E eu a amo.

— Vou procurar banho. Não me sinto muito bem.

— Fervi água para a senhora. Quer ajuda?

— Obrigada, meu filho, não se preocupe.

— Não é preocupação e, sim, cuidados, mamãe.

# Capítulo 7

Passava um mês do acontecimento entre Fort e Anunciata. Ela se esquivava o mais possível. Ele foi à sua casa logo cedo. Iron já havia partido para o trabalho. Fort sabia que, pela manhã, ela cuidava da casa.

Intenso rubor tomou-a ao abrir a porta.

— Esquecendo os amigos?

— Como está, senhor?

Ele ficou nervoso e segurou-a.

— Não me chame de senhor! Não faça assim!

— Conserve-se no seu lugar!

— Meu lugar é ao seu lado!

Puxou-a abraçando-a forte. Beijou-a avidamente.

Anunciata percebeu que a proximidade de Fort era um tanto negativa.

— Peço-lhe prudência, senhor Fort. Não precipitemos acontecimentos.

— Quero me entregar a você. Quero-a para mim, Anunciata.

*Um só coração*

Ignorou a retração da jovem senhora e a dominou um tanto pela força.

— Não volte à minha casa! Respeite minha intimidade!

— Eu a esperei e cansei. Mais de um mês! Não sou puro ou santo. Prometeu que conversaríamos.

— Venho reorganizando minhas idéias, mas não concluí minhas reflexões.

— Um mês é tempo de sobra!

— Para a sua ansiedade, talvez. Minhas reflexões precisam de amadurecimento.

— Quero me casar com você.

Anunciata sentiu repulsa.

— Casar!? Não, não me casarei. Prezo minha liberdade. Amo o que faço e minha relação com Iron é excelente.

Fort sentiu ciúmes, terríveis ciúmes do jovem. Apertou-a nos braços e beijou-a sem parar. No íntimo, ela ficou triste. Gostava dos abraços e dos beijos, mas não queria aquele homem. Sem o menor constrangimento, ele a arrastou para o quarto.

Um tempo depois, ele partiu. Ela chorou seriamente pensando no enredamento com aquele homem.

Mais de um ano transcorrera. Anunciata ia à casa de Fort, não com a insistência que ele desejava, mas de acordo com a sua vontade.

Iron estava para concluir seus estudos. Conseguira economizar todas as moedas que recebera e pretendia, em mais alguns meses, partir. Sabia do envolvimento de sua mãe, mas não se importava. Eles eram livres.

*Oneida Terra/Sahija*

Anunciata pretendia seguir com o filho e esperava, com enormes expectativas, esse dia. Afastar-se-ia de Fort. Nos meses de relação, tinha conseguido boas coisas de seu coração, mas ele insistia em se casar e ela não queria.

— Mamãe, o senhor Fort e Júlio convidaram-me a viajar com eles. Especulações. Sondagem de área.

— Querem expandir. Para que tanto, Iron?

— Deixe-os. Gostam de ganhar muito dinheiro. Júlio pretende romper a sociedade com o senhor Fort.

— O quê? Romper? Você tem certeza?

— Por que essa admiração?

— Fort sofrerá sério abalo. Não esqueça, partiremos também. Ele não gosta de ficar só. Traz marcas dolorosas. Não foi criado pelos pais.

— Eu sei, mas não iremos mudar nossa vida por isso. Bem, eu seguirei os meus ideais.

— Seguirei por vontade, Iron. Não quero me casar com ele.

— Fique muito tranqüila, mamãe, eu a apóio em qualquer decisão.

Beijou-o com grande afeto.

— Quando viajarão?

— Na próxima semana. Eles estão ansiosos.

— E quando será comunicado a Fort a dissolução da sociedade e a sua partida?

— Ainda tenho alguns meses para ficar.

— Mas não vai avisá-lo na hora, não é?

— E a senhora? Conversou com ele?

— Faço-o sem cessar, mas ele não aceita. Vejo-o, hoje, meio forçada, mas já lhe disse que vou embora.

— O senhor Fort não aceita recusas. Tudo tem que

*Um só coração*

ser do seu jeito.

— Ele sabe que eu não teria prosseguido nessa relação. Tive um pouco de compaixão e também prazer ao lado dele.

— Vai ser muito sofrido. Tenho a certeza dos ciúmes dele. Nossa amizade o incomoda.

— Meu filho...

— É verdade, sei que gostaria que eu não existisse. Tem muitos ciúmes. Sabe de nosso carinho. Nunca lhe disse, mas ele mudou muito comigo. Trata-me friamente. Quase não fala. Deixou de sorrir para mim.

— E por que não me contou?

— Para quê? Com que objetivo?

— Eu romperia com ele de vez.

— Por isso não lhe contei. Rompa por você, não por mim.

Olhou-o com lágrimas no coração.

— Você está certo. Eu preciso resolver essa relação com calma e precisão. Tenho negligenciado. Não devia ter permitido que se passassem quase dois anos. Fiquei, de alguma maneira, acomodada.

— Não se analise com idéia de culpa. Faça-o com leveza.

— Você é um amor! Ajuda-me sempre. Vivi muita solidão com a partida de seu pai. Fort chegou, preenchendo uma parte que nem eu mesma sabia que estava vazia. De alguma maneira, lamento deixá-lo. Sei que é muito amigo. Se não fosse tão possessivo, quem sabe eu o aceitasse melhor...

— Quem sabe? Preciso seguir. Prepare-se, ficaremos fora uma semana ou mais. Por que será que o senhor Fort não lhe falou sobre a viagem?

*Oneida Terra/Sabija*

— Ele sabe que não aprovo excessos e seguirá especulando para ganhar mais dinheiro.

— É isso mesmo. Deixe-os. Se assim querem, o que fazer?

Beijou-a e saiu.

Anunciata cuidou de algumas plantas, foi ao pomar, mas sentia-se inquieta. Um pressentimento inexplicável tocava-a. Não conseguia ajuizar sobre as reações de Fort com as decisões que lhe seriam comunicadas, mas temia. Viveu todos os dias que a separavam da viagem com alguma tensão.

— Preparei alguns sanduíches, Iron.

— Estranho, já estive mais animado do que estou. Se me fosse possível optar, eu desistiria, mamãe.

— Nada o obriga a ir, meu filho.

— É uma questão de companheirismo. Pediram-me ir. Júlio faz questão de minha companhia.

— Que você o ajude a pensar melhor.

— Esforçar-me-ei para ser útil.

— Legalizaremos a venda desta casa.

— Vendê-la, mamãe? Por quê?

— Não penso em retornar a essa cidade. Para que conservar a casa? Para onde seguirmos, teremos que comprar alguma coisa.

— Tudo bem, não se preocupe. Gosto daqui, acho-a bonita, mas não tenho apego.

— Seu pai construiu-a com enorme carinho, mas sei que nos apóia.

— Preciso seguir. Não quero me atrasar.

— Tenha cuidado, estou meio inquieta. Não se afaste das reflexões com Deus.

Anunciata não se conteve. Sozinha, chorou larga-

*Um só coração*

mente, desabafando os seus temores.

A viagem transcorreu segura.

Não havia excesso de palavras. Conversavam normalmente. Após três dias, as visitas de reconhecimento estavam feitas. Fort e Júlio tinham idéias a respeito do que fazer.

— Fort, penso que não seja justo esconder minha decisão por mais tempo.

— Decisão? Sei que sempre decidimos juntos. O que está havendo?

— Pretendo sair da sociedade. A idéia de trazê-lo a essa região é, de alguma maneira, um motivo para lhe mostrar o que pretendo fazer.

— Separar-se de mim? Eu o ajudei! Eu o tornei um homem de negócios! Deixar-me?

— Não se esqueça da minha participação! Venho trabalhando mais de doze horas diárias a bem de nossa empresa. Coloquei o produto da venda de três casas nos primeiros dias do laticínio e não lhe devo favores!

— As idéias foram minhas, eu iniciei tudo! Vai se aproveitar de quanto lhe ensinei e atraiçoar-me?

— Não é traição, Fort! Tenho direitos e quero-os!

— Não há amizade? Para que serviram quase dezoito anos?

— Edificamos um patrimônio. Crescemos lado a lado, mas não significa ficarmos juntos nos negócios para sempre!

— Iron conhecia suas idéias?

— Contei-lhe, mas pedi silêncio.

— Traíram-me. São uns covardes!

— Pare, Fort! Ninguém o traiu! Pare de pensar em

traição! Esse rapaz é discreto e amigo de todos. A ninguém faria mal!

— Não sei! Não sei! A meu ver, é um oportunista.

— É impossível conversar com você! Tem suas opiniões e não aceita refletir!

— Não vou gastar tempo com essas loucuras! Sei o que é melhor para nós! Não haverá ruptura!

Fort passara da conversa áspera aos gritos e Iron, que se distraía no interior da casa lendo alguma, veio ao encontro deles.

— O que está acontecendo? Por que esses gritos?

— Traições, meu jovem! Muitas traições!

— Não lhe dê atenção, Iron! Fort exagera sempre! Gosta de dramatizar!

— Cale-se! Quero respeito! Infames, eu os considero infames!

— Digo-lhe o mesmo! Não me trate aos gritos! Tenho boa audição!

— Um traidor não merece bons tratos!

— Fort, procure um médico! Você está doente! Essa incompreensão não é normal!

— Não se ponha com esses ares de superioridade! Julga-se com o direito de me dizer o que devo fazer?

— Tolerei a sua maneira impositiva por anos, mas recuso-me a ficar ao seu lado! A sociedade chega ao fim! Chega, Fort, chega!

— Não aceito sua decisão, ouviu bem?

Eles estavam aos berros e Iron tentava acalmá-los.

— Pouco me importa se aceita ou não! Procurarei um advogado!

— Eu o matarei se tentar destruir nossos negócios!

— Destruir!? Enlouqueceu?! Você ficará com o lati-

*Um só coração*

cínio e me dará a minha parte em bens. Refarei minha vida nesta cidade!

— Por que me convidou a vir? Quer me humilhar?

— Queria que se alegrasse comigo! Pensei que continuaríamos amigos.

— Amigo de um traidor? Jamais!

— Falaremos juntos com o advogado, Fort...

Num ímpeto, Fort jogou-se sobre Júlio agredindo-o. Iron tentava separá-los. Inúteis os esforços. Júlio era franzino e o sócio, vigoroso o suficiente para matá-lo. Júlio não tinha mais como reagir e, cruelmente, Fort atirou-o no espaldar da sacada onde estavam. Suas palavras confirmavam seu desequilíbrio:

— Morra, morra, traidor infame!

Iron jogou-se para salvar Júlio. Caíra com ele no gramado, mas não alcançara seu objetivo. Ele estava morto e Iron, com o corpo ferido.

Fort não se descontrolara. Fizera sumir o corpo. Júlio era sozinho e poucos perguntariam por ele. Exigira do rapaz absoluto silêncio, ameaçando-o.

— Não teme a própria consciência?

— O que seria isso? Vou lhe dar uma soma vultosa. Não o quero próximo. Retornarei. Você seguirá para bem longe. Falarei com Anunciata. Não esconderei dela a verdade. Eu a amo. Tampouco tentarei retê-la. Seguirá ao seu encontro.

— Vou sair do país. Venho me preparando há quase dois anos.

— Partir?! Pensava em ir embora? Vocês são verdadeiros crápulas. Não merecem respeito!

— Vou me aperfeiçoar fora de meu país. Realizarei os meus ideais.

Oneida Terra/Sabija

— E sua mãe conhecia os seus planos?

— Nunca escondi qualquer coisa dela.

— Estou cercado de inimigos e não sei!

— Nem todos possuem sensibilidade para saber o que é um amigo.

— Imbecil! Não lhe dou o direito de me falar dessa maneira! Dei-lhe apoio!

— E eu também. Sou bastante útil no seu laticínio. Trabalho sem desrespeitar um minuto de cada dia.

— Não o ajudarei em nada!

— Guardei o que me era necessário. Viajarei sem ilusões. Coloco o trabalho como parte de minhas conquistas. Não tenho medo de nada.

— Sonhador! Você é um idiota! Sua mãe terá o meu desprezo absoluto. Sei que você precisará de uns dois meses para ficar bom dessa queda. Eu o manterei longe. Tenho poderes para isso. Cessada a recuperação, desapareça!

— Eu o farei, fique tranqüilo. Não me inquieta nenhuma vontade de denunciá-lo. Há uma justiça real e eterna. Dela, não fugiremos.

— Não me interessa sua opinião! Cuide de sua vida!

Um carro transportou Iron para bem longe. Mais de três dias, sentindo dores, parando muito pouco para que se refizesse.

. . . . . . . . . . . . . . .

A cidade que o recebeu era pequena e discreta. Mais campo que urbanização. O motorista que o conduziu deixou-o e desapareceu, deixando paga a hospedagem. Iron estava tranqüilo. Escreveria à sua mãe e lhe indicaria a sua direção. Na recuperação, aguardou calmo a resposta de Anunciata. Mais de vinte dias e nenhuma notícia.

*Um só coração*

Será que a mãe resolvera vir ao invés de escrever? Preferiu ser discreto e aguardar.

Os moradores locais não lhe davam muita atenção. Na verdade, esquivavam-se sempre que o viam chegar. Nada o perturbava. Estava em paz com sua consciência.

. . . . . . . . . . . . . . .

Após o retorno, Fort foi ao encontro de Anunciata.

— E meu filho? Por que não retornou com você?

— Precisou ficar.

— Ficar? Como ficar?

— Aconteceram coisas desagradáveis, Anunciata. Desentendemo-nos.

— Iron? Iron desentendeu-se com você?

— Ele, Júlio e eu.

— Iron é pacífico. Não se envolve em confusão.

— Depende do momento. Comunicou-nos a idéia de nos deixar, e não concordamos.

— Ele não precisa da aprovação de ninguém. Sabe o que faz.

— Em meio à desavença que se estabeleceu, Júlio tentou segurá-lo para argumentar. Ele não queria nos ouvir e, tentando livrar-se de Júlio, derrubou-o da sacada.

— Meu Deus! Não pode ser! E Júlio!

— Júlio morreu. Lamentavelmente, nós o perdemos.

— Morreu?! Mal posso crer! E onde está meu filho?

— Dei-lhe cobertura. Fugiu e prometeu mandar-nos a sua direção.

— Pobre filho, deve estar sofrendo muito! Fort, você vai me ajudar. Anseio chegar até ele, anseio!

Abraçou-a longamente.

— Farei qualquer coisa que me pedir.

Anunciata não conseguia se desligar de Iron e suas perguntas irritavam Fort.

— Diga-me, ele ficou muito triste?

— Ele não teve culpa. Não teve culpa!

— Não grite! Para que gritar?

— Seu filho não é um fantasma e não o quero no meio de nossos abraços.

Ia retrucar, sair apressada, mas ponderou que precisava dele. Não acreditava no que lhe dizia Fort, mas não podia se mostrar arredia.

— Se me entregar o meu filho, farei o que você quiser.

Largou-a e saiu do quarto irritado. Voltou minutos depois.

— Não se casaria por me querer. É Iron que você deseja. Não aceitarei chantagem, está me ouvindo? - Segurou-a com rudeza. - Você vai fazer o que eu quiser. Se eu me sentir ameaçado, impedirei Iron de reencontrá-la. Não provoque a minha ira. Queira o meu amor, Anunciata.

— Deixe-me, deixe-me! Quero ficar sozinha.

— Não, não a deixarei. Os meus pais me abandonaram, o seu filho pensa em se afastar levando-a, não ficarei sem você!

Anunciata sentia perigo nos sentimentos daquele homem e lamentou a proximidade. Ele a abraçou como a dizer-lhe que era o mais forte.

Lágrimas tristonhas interpunham-se aos beijos de Fort, mas ele, insensível, prosseguiu sem condições de pensar melhor.

. . . . . . . . . . . . . . . .

Os dias escoavam-se sem que chegasse a menor no-

*Um só coração*

tícia de Iron. Anunciata esforçava-se para não expulsar Fort. Temia prejudicar o filho e silenciava.

— Angustia-me o silêncio de Iron.

— Vou levá-la para minha casa.

— Sua casa? Que idéia é essa, Fort?

— Não gosto de vê-la sozinha. Pode ser perigoso.

— Não vejo perigo nenhum. Tranqüilize-se.

— Então, virei para cá.

— Vir morar comigo?

— E por que não?

Sentiu-se ameaçada. Ele sabia como coagi-la. Permitir que se instalasse ali seria pior do que tudo. Como fazê-lo se afastar mais tarde?

— E então? O que acha melhor?

— Ficarei uns dias na sua casa, Fort.

Tomou-a nos braços, beijando-a. A jovem senhora não suportava mais. Impossível, no entanto, rebelar-se naquelas circunstâncias.

— Eu cuidarei de você. Só eu saberei cuidar de você.

Sentiu-se desfalecer. Difícil pensar em estar à disposição de Fort na sua luxuosa residência.

# Capítulo 8

Sozinho, no quarto que lhe fora dado, Iron cantou junto a algumas flores, comemorando o seu aniversário. Completava dezoito anos e alegrava-se. Ia para dois meses que estava naquele local e esforçava-se para ficar calmo. Nada diferente para comer, senão pão com café forte. Relembrou Anunciata e agradeceu por ela lhe dar a vida.

Alguns dias após o aniversário, Iron sentiu-se mal. Tonteiras e dor de cabeça. Colheu ervas, fez chás, e o mal-estar não passava. Decidiu voltar de qualquer maneira.

Nada para carregar. Fort pagara a hospedagem e o deixara, tão-só, com duas mudas de roupa. Olhou através da pequena janela. O tempo estava claro. Subitamente, voltou o mal-estar. A cabeça, o corpo, dores e tonteiras. Respirou fundo e arrastou-se até a cama. Em meio ao tormento que o dominava, divisou alguma coisa no quarto.

*Um só coração*

— Quem está aí? - Silêncio. - Nada possuo, nada tenho.

— Não quero moedas.

Ele ouvira claramente, mas não entendia.

— Quem é? Não tenho medo. Saia das sombras. Apresente-se. Fale!

Iron não entendia o que se passava. Alguém estava ali. Teriam as dores levado-o ao delírio?

— Sou eu, Iron.

Reconhecia a voz. Parece acontecia dentro de sua cabeça.

— Essa voz... Júlio?! Você voltou?

— Quero justiça. Exijo justiça! Coloque aquele miserável onde merece!

— Júlio, você prova o sabor da eternidade. Está na Casa indestrutível do Pai e fica agarrado à idéia de vingança?

— Não é vingança! Peço justiça!

— Vou seguir a minha vida. Tenho ideais muito belos. Não gastarei tempo com isso.

Aguçou-se-lhe a dor de cabeça.

— Eu o levarei à loucura. Não me afastarei um só instante. Fort não tinha o direito de me expulsar. Sou um homem de apenas trinta e sete anos. Deixei um patrimônio considerável. E esses bens ficarão nas mãos do assassino. Não tenho herdeiros. Não tenho ninguém!

— Não pensa em procurar Deus?

— Se Ele existisse, ter-me-ia livrado da morte.

— Morte? Com quem estou falando? Júlio, você está vivo!Vivo!

— Sinto-me injustamente arrancado de meus negócios! Minha felicidade era muito grande! Ia iniciar o

*Oneida Terra/Sabija*

meu próprio laticínio... Exijo justiça! Não poderei fazer o que desejei, mas ele pagará. Não o aceito livre e você é a única testemunha que tenho.

— Júlio, peço-lhe que converse com Deus.

— Não O aceito! Enquanto não fazer justiça, não pararei para pensar em outra coisa.

— Essa dor? É a sua dor, não é?

— É a minha dor. O meu mal-estar. Bati com a cabeça ao cair e tenho vertigens constantes. Quero-o lúcido e saudável, mas, ao me aproximar, vejo-o sentindo o mesmo que eu. Denuncie-o e prometo partir.

— Conceda-me uns dias, Júlio.

— O que pretende?

— Retornar ao meu lar, rever minha mãe.

— Não tente me enganar.

— Nunca o fiz antes. Por que a desconfiança? Não sabe distinguir sentimentos?

— Dar-lhe-ei um tempo. Um pequeno tempo e voltarei.

Júlio saiu precipitadamente. Iron sentiu-se aliviado. Impossível negar. Era ele mesmo.

Iron teve uma trégua e, sem dar pistas a ninguém, saiu no meio da noite.

Quase um mês para conseguir chegar. Guardava extremos cuidados. Não confiava em Fort e reconhecia a sua indiferença ao deixá-lo sem o mínimo recurso em um ambiente hostil.

Sua casa estava solitária. Limpa e organizada, mas vazia. Entrou, forçando a janela de seu quarto. Esperou clarear, tomou banho e conversou com Deus. Onde estaria sua mãe? Precisava de prudência, mas tinha vonta-

*Um só coração*

de de sair à sua procura.

Tinha roscas frescas e um caldo forte de legumes. Alimentou-se. Não sabia bem o que fazer e ficou silencioso no seu quarto. A tarde transcorria calma quando ouviu ruídos à porta. Olhou com a máxima cautela. Anunciata chegara. Não queria assustá-la. Deixou que fechasse a porta. Verificou que ela se dirigia à cozinha. Realmente, ela voltara correndo.

— Iron, Iron, é você, meu filho?

Subiu as escadas. Ele ali estava. Abraçaram-se chorando. Por longo tempo, ficaram abraçados.

— A senhora está mais magra, pálida. Não confiou na minha volta?

— Tive medo! Esse tempo tem sido difícil! Fort forçou-me a ficar na casa dele...

— Covarde! É um covarde!

— Iron, por que fala assim?

— O que lhe disse, mamãe? Por certo mentiu! Forçou-a a ficar com ele!

— Ele prometeu ajuda. E Júlio?

— Ele não está bem. Dominou-se pela revolta.

— Por que o empurrou, meu filho?

— Como!? "Empurrou"?

— Por que o empurrou?

Iron entendeu rapidamente.

— Fort mentiu, mamãe.

— Fort mentiu?! Não foi você! Eu estava certa ao duvidar das palavras dele!

— Ele matou Júlio.

Abraçou-o chorando.

— Que bom, meu filho! Que bom! Você não é um

Oneida Terra/Sabija

assassino...

— Esse homem não merece a sua companhia! Nunca mais nos verá! Iremos embora para sempre!

No mesmo instante, Iron sentiu um forte abalo. Tonteira súbita. Dor aguda na cabeça. Empalideceu.

— O que foi? Não se sente bem?

— Nada, nada, mamãe.

— Como nada? Vejo-o pálido e com suores frios. Quer um chá forte? Espere um momento.

Anunciata saiu. Júlio fez-se ouvir.

— Não tente fugir! Exijo justiça! Não lhe darei sossego se não o entregar. Não o deixe livre! Não esqueça esse crime!

— Peço-lhe pensar um pouco mais. Sigamos a nossa vida. Deixe-o entregue à justiça eterna. Há um poder superior. Confie!

— Não acredito! Duvido, hoje, de tudo e de todos!

— Fui testemunha sem querer. Era quase uma despedida. Não vejo utilidade nessa denúncia!

Anunciata voltou rapidamente. Ouviu suas palavras.

— Com quem fala?

Iron silenciou por instantes.

— Júlio, mamãe.

— Ele está aqui? Fala com você?

— Sim. Exige que denuncie Fort. Na sua aproximação, sinto-me débil. Dores, profundas dores na cabeça e uma tonteira enorme.

— Peça-lhe misericórdia. Você é um jovem. A vida por conquistar...

Júlio retrucou aos gritos:

— Sou igualmente jovem e não tenho mãe ou pai

*Um só coração*

para uma defesa!

— Deixe, mamãe! Qualquer coisa que a senhora disser irritará Júlio.

— Ele me ouve? Júlio pode me ouvir?

— E se aborrece com a sua participação.

— Iron, não me peça para ficar ausente. - Ela fechou os olhos e começou a falar com Deus. Júlio sentiu-se tocar por algo bom que não definia - Ouça, Júlio. Tudo faremos para que você fique bem.

Ele reagiu asperamente.

— Não quero ficar bem! Conduzam aquele covarde à prisão! Deixá-lo impune? Por que deixá-lo impune? É um criminoso!

Inúteis as palavras e o sentimento de amor oferecidos por Anunciata.

— Pare, mamãe! Irritá-lo é aumentar minhas dores.

— Iron, o que será de nós? Estamos nas mãos de Júlio.

— Diga-lhe que a escolha pertence a vocês. Faço um pedido justo. Se preferirem deixar o criminoso livre, não me afastarei. Sofrerão tanto quanto venho sofrendo.

Com vagar, repetiu para ela as palavras de Júlio. Um choro convulso dominou-a. Por um longo tempo, ficaram em absoluto silêncio. Os três ficaram em silêncio.

Júlio, na própria cama de Iron, recostou-se para descansar. O ódio que o dominava, em inúmeros momentos, extenuava-o.

Anunciata conservava-se aflita, mal acreditando que tudo estivesse acontecendo daquela maneira, quando Fort entrou.

— O que houve? Por que não voltou?

*Oneida Terra/Sahija*

— Estou onde devia estar.

— Aconteceu alguma coisa?

— Nada que lhe interesse.

Havia firmeza na sua voz.

— Não mereço a rudeza de seu coração!

— Alguma coisa leva-me a crer que não merecemos viver como estamos vivendo.

— Está confusa, minha querida!

— É a saudade de meu Iron...

— Ele voltará, não se desespere!

— Tem certeza?

Olhou-a desconfiado e tentou abraçá-la. Não conseguiu. Anunciata fugiu da proximidade.

— Confio que sim! Vamos para casa?

— Não. Nunca mais voltarei à sua casa. Nunca mais.

Ele andou pela sala. Passou a mão no rosto e contorceu-se. Intimamente, sentia revolta, mas ficou calado. Iron interpunha-se entre eles. Se pudesse, ele o mataria. Não quis insistir naquele momento e foi embora.

Anunciata soluçou por muito tempo. Iron não a interrompeu. Conservou-se silencioso. Sua mãe precisava desabafar.

# Capítulo 9

Inúteis os esforços de Iron e de Anunciata para pacificar Júlio. A cada dia, ele se mostrava mais agressivo.

Constantes, quase insuportáveis, as dores de cabeça. Deitar ou ficar de pé, tomar os chás e permanecer sob o carinho da mãe não traziam alívio.

— Não sei mais o que fazer com o meu Iron!

— Vejo-a pálida, sumindo aos poucos.

Helen preocupava-se com a irmã. Eram amigas.

— Não se inquiete, estou bem.

— Impossível acreditar.

Começou a tocar-lhe os cabelos. Abraçaram-se.

— Iron vem sofrendo muito.

— Leve-o daqui. Busque recursos.

— Não temos dinheiro.

— Venderei a casa que vocês me deram.

— De maneira nenhuma! Suas crian-

*Um só coração*

ças estão pequenas. Venderei esta casa. Já havíamos pensado nisso.

— Fale com Iron.

— Meu filho vive com poucos momentos de liberdade.

— Tenho implorado misericórdia por vocês.

— Deus lhe pague, querida irmã.

— Não quis pedir ajuda a Fort?

— Jamais o faria. Venderei esta casa e buscarei recursos em um lugar maior.

— Preciso ir. As crianças ficaram sozinhas.

— Vá, vá, não se atrase.

— Obrigada.

Quase saía quando...

— Helen!

— O que foi?

— Leve biscoitos para as crianças.

Helen sentiu algo triste na despedida.

. . . . . . . . . . . . . . .

Anunciata conseguiu facilmente vender a casa. Tudo ocorreu rapidamente. Sem perder um minuto, providenciou a viagem. Grande parte de suas coisas ficou na casa. A maior parte, na verdade. Teria alguns meses para transferir tudo o que lhe fosse útil. O comprador deu-lhe um tempo de espera.

. . . . . . . . . . . . . . .

As novas acomodações, em uma casa antiga, foram-lhes confortáveis. A proprietária ocupava a área superior e alugava o térreo.

Júlio não se desprendia de Iron. A revolta crescia

na constatação de que nada seria feito para denunciar Fort.

Anunciata chegou aos recursos médicos da época e o filho foi entregue aos cuidados possíveis da medicina. Claramente, foi colocado aos dois que o tratamento seria nas conquistas da psiquiatria. Vale dizer que, no tempo em que foi vivida a história, muito pouco havia sido descoberto.

Dr. Bernnet assumira o caso.

— Lendas, meu jovem. Existem muitas lendas em minha área de trabalho.

Iron olhava-o em meio às suas dores, em profundo silêncio.

— Meu filho ficará bom?

— Vai depender muito mais dele.

Se pudesse, ela fugiria levando Iron para bem longe. Dr. Bernnet era materialista. Insensível e imediatista.

— Temos tentado. Nossa fé é nosso guia.

— As tentativas que fazem pacientes e familiares são tolices.

— Como!?

— Apegam-se a crendices. Julgam que somos capazes de milagres. Mimam ou abandonam em excesso.

Parecia-lhes que ele mesmo julgava severamente.

— Parece-me fácil falar quando a dor não é nossa.

— Ficássemos na mesma emoção dos pacientes ou de seus familiares e os resultados seriam bem piores. Romantismo não combina com o que faço.

— O que indicará para o meu filho?

— Faremos algumas experiências. Falarei depois.

Restava-lhes mais paciência do que vinham

*Um só coração*

exercitando.

Alguns meses escoavam-se sem que Iron alcançasse qualquer êxito. Agravavam-se-lhe as dores. Inexorável, deveria permanecer em um lugar apropriado.

— O que o senhor considera que seja bom ao meu filho?

— Uma casa própria para esse tipo de coisa.

— "Tipo de coisa"?

— Seu filho afirma conviver com alguém que morreu.

— Não acredita?

— Não, não acredito. Tentei chegar a Iron, mas ele se cala. Conforma-se e não coopera.

Anunciata esforçou-se para não chorar. Silenciosa, buscou o filho.

— Vou denunciar Fort.

— Mamãe!

— Não suporto mais! Júlio tenta aniquilá-lo. Não tem a menor piedade.

— Diga-lhe que o meu tormento é maior que o seu! Júlio gritou rudemente.

— Não o acuse, mamãe. Ele a ouve.

— Pois que me ouça! Sua ação é maligna e ele pagará por isso!

— Por favor, mamãe! Pare, não prossiga!

— Perdão, meu filho, perdão! - Intenso choro. - Júlio é desumano! Maltrata-o! Denunciarei Fort para que ele o deixe em paz.

— A senhora não foi testemunha.

— Afirmarei que estava lá.

— Mentir? Não se avilte, eu lhe peço!

Júlio estava atento.

*Oneida Terra/Sabija*

— Diga-lhe que não o deixarei por um falso teste-munho. Você, só você pode falar!

— Júlio pede para lhe dizer que não se afastará por um falso depoimento.

— O que ele quer, meu Deus?

Iron abraçou-a em lágrimas.

— Vejo-a cansada e triste.

— Dr. Bernnet pretende isolá-lo. Uma casa de lou-cos, Iron.

— Não, mamãe, não pense assim.

— Quase impossível suportar tanta dor!

— Mamãe, onde está a sua fé? Ouvi de seus própri-os lábios os ensinamentos do Cristo. Não estamos de-samparados, confie! A senhora pensou em mentir. Onde nos levaria a mentira? Aceitemos a dor. Sei que Júlio é sensível e concordará conosco.

— Sinto-me frágil. Perdão, meu filho!

Vendo-a, o jovem compadeceu-se. Ela estava ex-tremamente abatida. Poderia ser fatal o seu afastamen-to. Num esforço para ficar bem, em meio às suas dores, implorou a Júlio deixá-lo um pouco. Meio contrariado, ele se afastou.

— Mamãe, não quero perdê-la. Vejo-a enfraque-cer-se. Contarei a verdade.

— Iron, meu filho? Obrigada!

Beijou-o muito.

Iron pedira a Júlio um tempo para refazer-se. Não desejava apresentar-se desfigurado quanto estava. Li-vre da influência negativa e persistente, ser-lhe-ia fácil recuperar-se.

Só a compreensão e a confiança na justiça divina são capazes de proporcionar força e paz aos corações que

*Um só coração*

estão em luta. Nos dias em que se refaziam, exatamente nesses dias, Anunciata amanhecera morta.

— Quisera compreender, Iron!

— Não se desespere, tia Helen! Confiemos!

— Pobre Anunciata! Queria vê-lo feliz e não alcançou essa alegria!

— Não existe fim. Continuaremos juntos.

Um sepultamento silencioso. As lágrimas discretas de Iron e de Helen. E Júlio enfurecido por saber que o jovem não mais denunciaria Fort.

Iron andava com vagar na área externa de sua casa. Profundos pensamentos em um sentir muito humano.

Denunciar Fort era entregá-lo a enormes maltratos. Não existia justiça como realmente deveria ser. Confinado, sob abusos e desrespeito, até o fim de seus dias... Teria coragem de encaminhá-lo a reparações dignas, se lhe fosse possível, mas buscar justiça de acordo com as idéias arbitrárias dos homens não lhe parecia válido. Antes preferia submeter-se à perseguição de Júlio a atender-lhe o plano de vingança.

Iron não estava só. Júlio andava como ele. Contudo, muito nervoso.

— Por que poupá-lo? Não devem nos interessar as penas que lhe serão aplicadas! Que seja severamente punido! Arrancou-me sem comiseração de todas as oportunidades que eu tinha. Meus projetos cresciam e sei do sucesso que alcançaria com o novo laticínio.

— Só lhe interessam as conquistas materiais. Nunca o senti querendo o amor, falando de Deus.

— Não quero me transformar em fantasma!

Iron riu.

— Medo?

— Seja o que for, não lhe interessa!

— Suas ações parecem-me tão negativas quanto a impulsividade de Fort.

— Julgamentos?

— Uma conversa franca, Júlio.

— Não queira aconselhar, Iron.

— Jamais o faria.

— São definitivos os seus pensamentos? Está com pena daquele crápula?

— Infelizmente, não existe justiça. Há desprezo e castigo.

— É o que ele merece! Ele merece sofrer!

— Deus age amando.

— Não creio em nada, nada!

— Lamento, Júlio. Você está cego.

— Lamente por você! Eu não o perdoarei!

— Que ligação existiria entre nós?

— Nenhuma! Se Fort fosse preso, eu o deixaria para sempre. Prefere sofrer?

— Não nos seria possível, agora, o conhecimento do passado. Sabemos, no entanto, que nossa proximidade não é nova. Esqueceu-se da simpatia que sentimos quando nos conhecemos? Afirmar que não estamos ligados é temerário. Nas circunstâncias em que nos envolvemos, sua contrariedade leva-o a dizer tolices.

— Bobagens de um sonhador! Por que insiste em defender o assassino?

— Busco ser coerente. Confio na justiça divina e entrego-me. Tentarei viver com dignidade.

— Fort gozará a vida! Você morrerá em uma casa de loucos!

*Um só coração*

— Buscarei forças em Deus.

Júlio, sob intenso ódio, atingira máximo desequilíbrio e Iron não escapara do confinamento.

Meses escoaram-se em grande sofrimento. Iron, em seus momentos de alívio, buscava ser útil no espaço onde estava. Aos poucos, ia cativando um por um. Passava a todos generosidade, o que foi, lentamente, envolvendo Júlio.

— Nunca se revolta, Iron?

— Eu fiz a opção, Júlio.

— Como um idiota! Até quando ficará aqui?

— Sua ação continua persistente. Minhas dores são fortes.

— Começo a ter nojo deste local! Estamos caminhando para dois anos entre esses loucos. Terminaremos como eles. Denuncie e sairemos daqui!

— Por que não busca outras paragens para viver?

— Não sei para onde ir e nem o que fazer.

— A ausência de Deus provoca esse aturdimento. Busque-O e encontrará paz.

— Bobagem, Iron!

Dentre os que o admiravam, estava Hilda. Mulher forte que lhe oferecia, através dos alimentos pobres que lhes eram servidos, muito carinho.

— Pensa, a maior parte, que entre nós não existem bons sentimentos.

— A sociedade tem muito medo dos que chama loucos.

— Envergonha-se dos desequilíbrios vividos aqui.

— Seria melhor lá fora, Iron?

Olharam-se e sorriram.

— Parece-me que a loucura está em todo lugar.

— Qual seria a maior delas?

— O materialismo. Negar Deus é absurdo!

— E gera males terríveis. Só na união com Deus alcançamos equilíbrio.

— Seu sofrimento deve ser enorme. Venho preparar os alimentos e, mesmo não ficando dia e noite entre vocês, percebo as dificuldades desse viver.

— Razões justas devem trazer-nos a essas experiências.

— Isso é verdade! Tentei procurar trabalho em outros locais e não consegui ficar. Algo me retém aqui.

— Eu poderia ter seguido para minhas pesquisas, mas fiz uma opção, senhora Hilda.

— Quis ficar aqui? Que razões são essas, Iron?

— Seria entregar alguém à justiça e ficar fisicamente livre ou aceitar esta casa e a companhia de um amigo que se deixou dominar pelo ódio.

D. Hilda sentou-se, puxando o avental.

— Quero conhecer melhor essa história.

Iron fixou-a com afeto e não se fez de rogado, contou-lhe tudo.

— Eis as razões de minha permanência aqui. As razões de agora. Existem outras, no passado.

A senhora ergueu-se pensativa e calou-se por longo tempo.

— Sei de alguém que nos ajudará. - É o velho César. Ele lida com as forças que a gente não vê. Tem poderes. Poderá afastar esse Júlio.

— Eu não me sentiria bem se Júlio fosse afastado. Queria vê-lo transformado pelo amor.

— Se ele não quer ceder, que se vá!

— Não penso dessa maneira. Eu sabia que, se entregasse Fort, ele se afastaria e temi por sua vida. Ele

*Um só coração*

agravaria mais ainda os seus males. Poderia ser dominado por forças perversas. Quando chegamos à subjugação, é árduo sair.

— Pense em você e esqueça-o.

— Impossível! Sei que a Vida aproximou-nos e não foi por acaso.

— Sua generosidade é exagerada.

— Não, não! Busco ser humano e raciocinar com lógica.

— Não entendo bem isso. Posso pedir socorro ao velho César?

— Para ajudar também Júlio?

— Claro que sim, Iron!

Júlio, desconfiado e emocionado, ouvia a conversa. Hilda saiu e ele se dirigiu a Iron.

— Nunca percebi esse seu cuidado comigo.

— Impossível captar os meus sentimentos! Só pensa em você e nessa vingança, Júlio.

— Não quis justiçar Fort e tenta proteger-me! Mal acredito!

— É como se o quisesse perto de mim.

Os olhos de Júlio encharcaram-se.

— Ninguém gosta de minha proximidade! Pare com essas declarações!

— Eu, sim. Quero-o como a um irmão.

— Pare com isso! Não vai querer me enganar!

— Esse tempo de determinação não lhe diz nada? Sustento, com tranqüilidade, a opção que fiz.

— Penso que você é o mais louco de todos. Não entendo o seu comportamento. Defendeu um estranho e afirma querer a companhia de um homem que o faz sofrer.

*Oneida Terra/Sabija*

— Confio em Deus, Júlio!
— Parece-me esse Deus é o pior de todos nós.
— Cale-se! Não blasfeme!
— Estou surpreso! Muito surpreso!

# Capítulo 10

O velho César era, acima de muito vigoroso, simpático. Com a maior boa vontade, foi ao encontro do jovem.

— Lidando com forças ocultas?

— Júlio não fica escondido. Vejo-o claramente e consigo ouvi-lo.

— Que bom! Sabendo com quem estamos lidando, fica melhor. Hilda relatou-me sua experiência. Respeito-o na maneira de proceder.

— Não existe acaso. Por alguma razão séria, vivemos tudo isso.

— Podemos ficar à sombra daquela árvore?

— Com prazer, senhor.

— Quem é essa senhora ao nosso lado?

Falando com naturalidade, descreveu Anunciata. Iron chorou.

— Mamãe! Tenho sentido seu carinho! Obrigado!

*Um só coração*

O velho César acariciou-lhe a cabeça. Iron expandiu as lágrimas. Largo tempo silenciosos. Anunciata permanecia em prece.

— Quantas bênçãos, meu jovem!

— Muitas venho colhendo na opção que fiz.

— Não tenho dúvidas! O seu sentimento buscou a justiça. E quem a procura, encontra o amor. Sua mãe quer lhe transmitir algumas palavras.

— Ouvirei com muito carinho, obrigado.

Pequeno tempo em prece e a comunicação cresceu discreta.

— Iron, meu querido. Transpus portas e cheguei a emoções inesperadas. A Vida é gratuidade sem limites. Confie! Esforço-me pelo crescimento interior e me sinto feliz. Trabalho os próprios atos e quero oferecer gratidão a Deus.

— Que bom, mamãe! Estou em paz. Tenho amigos e o que mais valorizo é estar crescendo sempre. Venho aprendendo muito. Os caminhos que eu havia idealizado não seriam tão felizes. A dor é excelente companheira. Leva-me a sentir. Não fico na superfície das coisas.

— Sei de sua abnegação. Que suas forças sejam redobradas!

— Seja útil, mamãe. Na utilidade das horas, nos renovamos.

— Não estou ociosa. Antes, eu trabalhava com obras de arte. Agora, a realização é a descoberta dos valores do bem no meu próprio coração. Esforço-me para granjear merecimento. Sei que, nas paragens da verdade, nada existe sem esforço próprio. Não me descuido. Fique tranqüilo.

— Quero muito bem a Júlio. Sei que ele acabará

entendendo que é imprescindível nos entregarmos à justiça. Não nos cabe, no entanto, querer justiçar os outros. Fort seria muito mal tratado e nenhum de nós ficaria mais feliz se eu o entregasse a arbitrariedades. Sei que ele não é um assassino vulgar.

— Meu filho, mas ele matou alguém!

— Eu sei, mamãe. Melhor do que ninguém, eu sei.

— Está tranqüilo? Tem essa certeza?

— Sim. Conversei várias e várias vezes com Deus e busquei nortear-me. Senti claramente a urgência de ficar com os dois na firmeza de meu caráter. Há algo a alcançar com eles. Confio.

— Ficarei mais calma. Esforçar-me-ei muito mais.

— Eu a vi em meio aos meus sonhos.

— Foi verdade! Estivemos juntos por bondade do Criador e acompanhamento de amigos queridos. Não consegui, contudo, ficar totalmente calma. É difícil vê-lo entre esses desequilíbrios.

— Tenho paz no coração, creia. Não suporto esse ambiente sozinho. Existem amigos por perto. Confie! A confiança é um rumo feliz. Conduz a enormes alegrias. Não se afaste desse bom proceder. Os que vivem a desconfiar de tudo não se descobriram ainda como filhos de Deus. Na Vida, existem, tão-só, sentimentos felizes.

— Venho ao seu encontro querendo ser útil e é você que me acalenta!

— Sua presença transmite-me enorme felicidade. É precioso poder ouvi-la. Agradeço-lhe!

— Retornarei revigorada. Deus lhe pague, meu querido Iron.

— Obrigado, mamãe.

O velho César ficou por alguns momentos em silêncio.

*Um só coração*

— Que bom, conseguimos fortalecer os nossos corações!

— Há quanto tempo entrega-se a essas experiências, senhor?

— Mais de quarenta anos. Descobrir que a morte não existe, que a dor é proteção e que, acima de tudo, somos filhos de Deus foi a grande descoberta de minha vida.

— Tenho imenso prazer em conhecê-lo!

— Virei sempre. Conversar é troca substancial.

— Concordo! Expor idéias, trocar sentimentos, fazer experiências é indispensável.

— Que experiência destaca na conversa?

— Uma conversa sincera é o exercício da confiança. Busca de apoio e de novos conhecimentos. É entrega, encontro e seguimento de novas forças.

— Impossível conceber os homens calados por horas infinitas!

— O falar é uma espécie de canto, senhor.

— E por que não? Nas palavras alegres, há musicalidade, poesia, encantos.

— Teremos muito para trocar.

— Confio que sim. Prazer em conhecê-lo!

— Ou reencontrar?

— Você tem razão. Vibram os ares do reencontro entre nós, Iron.

Um aceno leve e Iron ficou só.

Júlio sondava os acontecimentos e estava irritado.

— Arranjou um benzedor para protegê-lo!

— Para proteger-nos com amizade e sincera vontade de bem viver.

— Não quero que me proteja!

— O velho César não espera pedidos para atender alguém. Júlio, sua idéia de vingança enfraquece-o. Precisa muito de proteção.

— Bobagem! Pare de tolices!

— Vejo-o emagrecido, feio, abandonado de si. O desamor mostra quão triste é. Os que amam, embelezam-se.

— Esse velho não tem o que fazer?

— E nós, Júlio? Que proveito damos às horas? Há quanto tempo estamos em busca de que você entenda o insubstituível da ação com Deus? Por que não concede ao seu ser algo de bom? Nunca amou?

— Não tive tempo para essas bobagens! Não me aborreça!

— Sua teimosia permanece.

— E suas dores?

— Diminuem aos poucos. O sentimento de compreensão que lhe ofereço faz-me bem.

— Penso ser você o primeiro louco a gostar desse pobre coitado.

— Despreza-se a esse ponto? Por que "pobre coitado"? Quando estava aqui, era saudável de corpo, desenvolvia seus negócios, propiciava emprego e bem-estar a muitos. Não o considero assim! Todos vêm do Criador. São belos e fortes.

— Esse tempo acabou. Fort roubou-me tudo!

Iron balançou a cabeça. Júlio recusava-se à renovação íntima e desejava prosseguir nas suas idéias infelizes. Ergueu-se Iron e caminhou pelo espaço que lhes pertencia. Queria respirar largamente.

. . . . . . . . . . . .

A senhora Hilda tornara-se, junto ao velho César,

*Um só coração*

amiga inseparável de Iron e de Júlio. Unidos, buscavam-no com freqüência.

— Poucos acreditariam nessa sua dedicação a Júlio.

— Impossível seguir sem ele. Venho analisando a minha capacidade de amar. É muito comum exigirmos. Sentimo-nos com direitos excessivos. É-me preciosa essa experiência. Busco estabelecer compreensão com alguém que se recusa ao convívio com Deus e, nesse afastamento, permite o crescer de angústias que compartilho.

— Se o senhor Fort fosse entregue à justiça, Júlio iria embora.

— E eu perderia excelente oportunidade! Quero ser útil aos dois. Sei que o conseguirei, senhora Hilda.

— Admiro-lhe a bravura, meu jovem.

— Deus sustenta os meus caminhos. Sob a proteção superior, pedras transformam-se em estrelas.

— Irresistível Iron! - O velho César abraçou-o. - Você parece bem mais velho.

— Velho César, está desprezando os jovens?

— De maneira nenhuma, Hilda! Não é nada disso! Sei que Iron entendeu.

— Idade é algo que não me inquieta. Não me preocupa ter essa ou aquela idade. Substancial é participar da Vida. Deus é Pai Magnânimo. A liberdade para a participação com Ele não depende de idade. O embasamento para essa conquista é o respeito, a sensibilidade, a vontade boa e forte. Sou atemporal.

— Suas dores vêm diminuindo?

— Tenho vivido momentos mais suaves, amigos.

— E Júlio?

— Avilta-se cada vez mais.

*Oneida Terra/Sabija*

— E sofre.

— Nada pode ser mais doloroso do que o afastamento de Deus. Impossível ajuizar com clareza se faltam as bases morais. Se Júlio tivesse o mínimo amor por ele mesmo e para com o Criador, essa perseguição jamais teria acontecido.

— Muita coisa nasce da indiferença perante a Lei Divina.

— Penso que tudo, senhora Hilda, tudo de ruim nasce do afastamento de Deus. Amar o Supremo Senhor, que tudo cria e preserva com inigualável sabedoria, é força e paz a todos nós. Invade-me enorme vontade...

— Vontade? Que vontade, Iron?

— De orar junto a vocês.

— Seríamos bem compreendidos?

— Ninguém se preocupa conosco, neste momento. Gostaria de fazer o agradecimento, velho César?

— Não, Iron. Você deve fazê-lo. Sua generosidade é autêntica. Consegue ver além das aparências. Não se limita a este espaço cheio de dores. Transpõe árduas dificuldades e sustenta equilíbrio íntimo. Com muito menos, uma grande parte já estaria gritando com desespero.

— Nada de mimos, meu amigo.

Riram suaves. Iron fez comovente reconhecimento à bondade do Criador, emocionando os amigos. Após a saída deles, pôs-se a conversar com os companheiros de luta que caminhavam de um lado para outro, meio perdidos.

# Capítulo 11

Dr. Bernnet chamara Iron.

— Penso em mandá-lo embora. Esta casa é pequena e parece-me as pessoas estão ficando mais loucas a cada dia.

— Gostaria de ficar mais um tempo, senhor.

— Percebo-o bem melhor. Para que ficar?

— Meus companheiros não estão bem.

— Ficar aqui por essa razão? Você está mais louco do que pensei! Conviver com essa gente é quase mortal.

— Preciso ficar, gosto de todos.

— A dor de cabeça que lhe é peculiar, a meu ver, deveria ser curada em casa, mas querer ficar entre eles é sinal de loucura! Impossível qualquer prazer junto a eles.

— Não é prazer. Um sentimento mais profundo envolve-nos. Chame-o de amor.

— Amor? Sabe o que penso? Os passageiros do trem da ilusão e da fantasia di-

*Um só coração*

zem que o amor existe. Eles, apenas eles.

— Lamento, Dr. Bernnet.

— O mundo não foi conquistado com os povos fazendo declaração de amor uns para os outros. Não usassem de bravura e estaríamos na mais profunda barbárie.

— Pensamos e sentimos diferente.

— Jamais gostaria de me assemelhar às suas maneiras, Iron.

— Tampouco quero viver indiferença.

— Volte para esses loucos.

— Com licença, senhor.

Iron sentia-se mais cativado do que percebera. Envolvia-o enorme carinho e expandi-lo entre todos era-lhe importante.

. . . . . . . . . . . . . . . .

Uma carta de tia Helen trazia-lhe notícias.

A casa que lhes fora própria continuava fechada. Ninguém sabia quem a comprara. Embora fechada, era periodicamente limpa. Mas os mesmos que cuidavam de sua conservação nada diziam sobre os que lhes pagavam.

Iron ficou intrigado. Não poderia, então, imaginar que Fort comprara a propriedade. A casa era confortável e bela. O bom gosto de sua mãe expressava-se em cada detalhe. Ela não ambicionava nada além daquele espaço, mas transformara-o em um lar aconchegante e forte. Veio-lhe a lembrança da infância. Os menores e mais significativos momentos de convívio com os familiares. Suavemente, chorou.

Iron encontrava-se no vigor da juventude, mas era como se muito mais tivesse. Ninguém acreditava que se aproximava dos vinte e cinco anos. Dos mais jovens aos anciãos, infundia respeito e aconchego. As primeiras ou mais profundas impressões que ele despertava não decepcionavam. O conviver era sempre impregnado de sentimentos positivos. Inesgotáveis suas realizações de esperança e fé.

A carta de tia Helen levava-o aos dias vividos. Parecia-lhe que séculos haviam transcorrido e que em um outro mundo vivia. Não acalentava mais a idéia de pesquisas na área da Ciência. Acima de qualquer ideal que lhe fora forte, hoje, a dor, a ignorância e a violência impressionavam-lhe o coração. Idealizava ouvir e calar, doar e colher dos outros para um bom viver. Muitos ambicionavam os primeiros lugares, cátedras, ouro e glórias. Iron impulsionava-se nos altos ideais da Lei Divina que proclama o soberano amor, nas bases inequívocas da justiça.

Um companheiro aproximou-se indeciso. Olhou-o e deixou transparecer nas faces tristeza.

— Venha, Tasso. Sente-se aqui.

— 'Tá triste?

O enfermo enxugou-lhe as lágrimas.

— Não é tristeza. Invade-me a saudade... Sinto gratidão a Deus. Sou feliz e amo viver.

Júlio ouvia as palavras sinceras de Iron. Pela primeira vez, o seu coração contorceu-se de remorso.

— Nada o desorienta, Iron?

— Como vai, Júlio?

— Aquele médico imbecil quer mandá-lo embora. Saia daqui! Faz-me mal a idiotice de tantos amotinados.

— Aprendi a amá-los, Júlio. Devo a você muito das minhas descobertas.

*Um só coração*

— Eu só o feri. Não o perdoei.

— Engano seu! Esses últimos anos me são preciosos. Esses homens que me rodeiam não são loucos. Há, em cada um, bondade, revolta, tristeza e também vontade de ser livre. Aprendo com eles e os amo. Nunca as minhas pesquisas científicas contribuiriam tanto para o meu crescimento moral. Faz parte dos sonhos querer da Vida só facilidades. O que mais anseio é aprender para estar em equilíbrio com a Lei.

— Ficar nesse lugar é-me impossível. Sinto-me asfixiado!

— Não seriam os seus próprios sentimentos a lhe fazerem mal? Suas buscas de vingança são tristes. Desencadeiam forças negativas que o infelicitam. As criaturas que se deixam dominar pelo ódio afastam-se das oportunidades sagradas de aprendizagem superior. Só os sentimentos bons ensinam. Desagrega-se o homem que se afasta de Deus.

— Fique nessa loucura, se quiser! Pretendo ir embora. São quase sete anos! Sua teimosia venceu.

— Só o amor confere vitórias. Longe do sentimento de amor, tudo é ilusão.

Iron pensou no tempo que se fora. Não lhe parecera longo demais. A fé atenuara momentos árduos, dando-lhe vigor.

Tasso segurava-lhe a mão. Iron beijou-o, agradecido.

. . . . . . . . . . . . .

Alguns meses escoavam-se.

Irreversível, alguns homens seriam devolvidos às famílias. Dentre eles, estava Iron.

Lágrimas e saudades na despedida. Impossível

sofrear as emoções de quantos o amavam. Iron sabia que nunca deixaria de estar com eles.

O velho César levara-o para compartilhar o espaço simples que possuía. Sem tardar, Iron começou a fazer alguma coisa que lhe garantisse sustento.

— Por que não prossegue os seus estudos? Sua capacidade está bem acima do que se observa todo dia.

— Para conquistar amor, não preciso seguir os estudos convencionais.

O velho César olhou-o de maneira ponderada.

— Sua firmeza é bem conhecida de todos nós. Não temos razão para duvidar do seu bom-senso. A doçura e a determinação nas adversidades provaram-lhe também coragem. Respeito-o, meu jovem.

— Tudo é esforço sob a alegria de saber que Deus é amor. Sou feliz.

— Fique o tempo que lhe for necessário. Fique para sempre, se lhe parecer bom.

Iron abraçou-o.

— Agradeço-lhe. Sua generosidade faz-me muito bem.

. . . . . . . . . . . . .

Suavemente, as lembranças foram cedendo lugar às vivências daquele momento. O velho Fort estava cansado. As emoções eram enormes.

— Quanto o fiz sofrer...

— Estou em paz, amigo.

— Peço-lhe não se afastar. Sei que me aproximo do fim.

— Não pense em fim. É continuidade e proteção.

— Sei que haverá continuidade, mas sérias altera-

*Um só coração*

ções far-se-ão presentes.

— Sempre para o nosso bem.

— Tomarei providências para que chegue às suas mãos os recursos de que sua amiga precisa.

— Serei grato por esse apoio.

Iron sentiu que o via pela última vez. Uma lágrima fugidia tomou-o. Poucos dias depois, foi chamado às pressas por Ariane. O velho Fort partira após intensas lágrimas.

— Gostaria de lhe falar.

Iron voltou-se. Um homem de meia-idade, ares sérios, postura correta olhava-o detidamente.

— Em que posso ser útil?

— Espero-o em minha sala de trabalho. Eis o endereço.

— Aconteceu alguma coisa?

— Nada que possa preocupá-lo. Com licença.

As últimas homenagens ao velho Fort foram simples. Tão-só Iron e os seus criados estavam presentes. Finda a cerimônia, Ariane insistiu para que ficasse algum tempo com eles.

— O café está forte e saboroso. Prove-o. Foi-se o tempo... Parece-me tudo passou rápido demais.

— Mas realizações ficaram. Tempo bem vivido é tesouro no coração, Ariane.

— Pegue as roscas, homem.

— E Elisberto, não vem?

— Deve estar fazendo algo útil. Anda pensando na morte, também.

— Medo?

— Ou intuição. Não sei ao certo. Ele tem andado atento a tudo que faz.

— Que bom!

— O que é bom? A morte?

— A morte não existe. O que não existe não pode ser bom. O sentimento de reflexão é saudável. O viver sob atos úteis é excelente.

Iron deixou-se ficar. Só bem mais tarde, partiu.

Suas pequenas acomodações estavam silenciosas. Entrou respirando fundo. Deitou água no fogo e esperou que fervesse. Merecia um bom banho.

# Capítulo 12

O espaço de trabalho do Dr. Helder era muito bem organizado.

— Sente-se, por favor.

— Seu convite deixou-me surpreso. Não esperava por nenhuma conversa posterior à despedida do velho Fort.

— Ele o nomeou o seu único herdeiro.

— Único herdeiro? Mas por quê?

— Deixou todos aqueles que na sua casa serviam com justas retribuições. Não se preocupe. Afirmou-me que, para dar um mínimo testemunho de seu arrependimento, teria que nomeá-lo herdeiro absoluto da pequena fortuna que possuía.

— Sou um andarilho, Dr. Helder.

— Ou um homem generoso?

— Aceito que me reconheçam apenas como alguém que se esforça pelo próprio crescimento interior.

— As providências legais foram tomadas antes do velho Fort partir. Há pouca coi-

*Um só coração*

sa para acertarmos.

— É melhor assim. Não gosto desse tipo de envolvimento.

— Com dinheiro?

— Sim.

— A partir de agora, o senhor é um homem muito rico.

— Engano seu, Dr. Helder. Continuo a ser Iron, o andarilho.

— Conservar-se-á no mesmo pardieiro?

— Sou feliz onde estou. Não sinto falta de nada.

— Não jogue fora o produto de tantos anos de trabalho!

— Jamais o faria! Trabalhei dois anos no laticínio e conheci a dedicação de Fort e Júlio ao que faziam. Darei um encaminhamento justo ao que me foi legado. A alegria que esses recursos promoverão chegará em forma de bálsamo a Júlio e Fort.

— Júlio foi o antigo sócio. O velho Fort falou-me sobre ele. Bem, senhor Iron, mais alguns dias e encerraremos esses documentos.

Ergueu-se. Iron apertou-lhe a mão. Saiu pensativo. Muitos corações pediam-lhe constantes ajudas e agora poderia oferecer-lhes alguns recursos materiais. Deus concedia-lhe mais uma oportunidade para exercitar desapego e justiça. Alegrou-se na possibilidade de ser útil.

Brulin estava absorta, tingindo algumas peças de roupa. Não o viu chegar.

— Não quero atrapalhar.

— Velho rabugento, você nunca poderia atrapalhar! Meu coração lhe pertence!

*Oneida Terra/Sabija*

—A terra do coração é muito preciosa. Que semente eu poderia plantar?

—A do amor, Iron.

—Prefiro a da amizade.

—Não se rende a ninguém?

—Entreguei-me, Brulin, a mim mesmo.

—Loucura! Ninguém pode ser feliz na solidão!

—Eu não falei de solidão. Refiro-me a estar comigo mesmo. Gosto de conviver com meu próprio íntimo. Todas as pessoas deveriam conviver mais com elas mesmas. Uma grande parte preocupa-se com os outros. Cuida de traçar caminhos para outros seguirem. Indica rotas que ela mesma não seguiria. Gosto, sinceramente, gosto muito de cuidar de meus sentimentos para oferecê-los melhores aos meus semelhantes.

—Admirável Iron!

—Esforçado, Brulin, nada mais que isso.

—Por que veio a esta hora?

—Você terá a casa que precisava.

—Terei a casa?

—Mas poderia destiná-la a outra coisa.

—Já pensei nisso.

—É mesmo?

—Estou disposta a mudar.

—Que bom, Brulin!

—Será que me aceitarão?

—E por que rejeitá-la?

—Não seja tolo. Para a maior parte, sou uma mulher sem princípios.

—Conquiste-os.

—Haverá tempo?

—Tempo é o que mais temos. Necessário é trabalhar promovendo transformações íntimas. Não exija. Conquiste!

— E a casa?

— Procure-a.

— Poderei acolher as minhas amigas?

— A casa é sua. Não tenho o menor direito de opinar na sua intimidade.

— Querido Iron...

Abraçou-o emocionada, beijando-o com grande respeito.

— Continue o seu trabalho, preciso seguir.

Brulin chorou agradecida. Iron era-lhe inigualável amigo.

Etil lavava, sob precárias condições, o vasilhame pobre. Ao ver Iron, correu-lhe ao encontro, abraçando-o. A espontânea alegria deixou-o feliz.

— Estou com muita saudade, Espantalho.

— Há poucos dias nos vimos, Etil!

— Mesmo assim, tenho saudades.

— Trago boas novas.

— Novidades, Espantalho?

— Uma casa, conforto, estudo... Que tal?

— Vai nos tirar daqui?

— O mais breve possível. Onde está Lígia?

— Saiu.

— Peça-lhe para procurar-me ainda hoje.

— Posso ir com ela?

— Será um enorme prazer.

— Tenho algo para lhe mostrar.

Levou-o a poucos passos atrás do barraco. Algumas latas velhas com boa terra e a germinação de algo que a boa menina semeara.

— Flores, Etil?

— Para lhe oferecer, meu rei.

Iron sentiu-se comovido.

— Aguardarei com muito carinho.

A menina beijou-lhe a mão.

Iron preparava-se para sair quando ouviu uma voz conhecida saudando-os. Era Gaston.

— Senhor Gaston, que surpresa!

— Senti vontade de vê-la. Não esperava encontrá-lo aqui neste momento.

Abraçou Iron.

— Prazer em reencontrá-lo buscando esta família.

— Anseio ser útil. Tenho uma casa e quero presenteá-los. Pensei muito desde que estive aqui.

— E os seus pais? Terá apoio?

— Herdei essa casa de uma tia que gostava muito de ser útil a todos. Os meus pais respeitarão a minha vontade.

— Que boa resolução! Deus o torne forte!

— Esforçar-me-ei para cultivar bons sentimentos.

— Eu havia pedido a Lígia que fosse ao meu encontro. Ia lhe oferecer o mesmo que você.

— Mas como?

— Depois lhe explicarei.

— Não me roube esse contentamento. Gosto muito de Etil.

— Difícil é não gostar.

— Gostaria que vocês não partissem. Que bom se pudéssemos ficar juntos para sempre!

— Só nos separaremos se quisermos. Faremos por merecer essa proximidade. Confie.

*Um só coração*

— O que será necessário para merecermos ficar juntos?

— Que nossa proximidade promova crescimento a nós mesmos e a todos os demais, Etil.

— Vou me esforçar.

Lígia aproximava-se.

— Vai se esforçar em que, Etil?

— Para nunca me separar de nossos amigos.

— Como está, senhor Iron?

— Bem, Lígia.

— Senhor Gaston, obrigada pelos recursos que nos mandou.

O jovem ficou embaraçado.

— Esqueça isso, eu lhe peço.

Iron olhou-o pleno de carinho.

— Compreendendo os ditames da Lei, meu jovem?

— São esforços iniciais, nada mais que isso.

— Dar os primeiros passos é fundamental. Prossiga confiante e saiba que uma grande parte, na longa jornada humana, não apóia a generosidade. Firme-se no ideal de crescer para Deus e não desanime com as injúrias ou desaprovações.

— Ajude-me! Sou um aprendiz frágil e temo sucumbir. Fui muito mimado. Cresci com imensas facilidades. Será que resistirei aos espinhos que essas realizações provocam?

— Não inicie pensando em facilidades. Desde já, saiba que é luta no esforço seqüente do bem.

— Seu apoio será um tesouro aos meus ideais.

— Conte comigo!

— A que devo esse abraço alegre?

— Viemos por uma mesma razão. Conseguimos

uma casa para vocês, Lígia.

— Uma casa? Casa bem protegida, sem buracos ou bichos? Um lugar onde possamos dormir sossegados?

— Sim, Lígia! Segurança e conforto. Beleza e alegria.

A jovem senhora começou a chorar. Era quase inacreditável! Como um lindo sonho de amor.

Iron caminhava silencioso ao lado de Gaston. A felicidade levava-os a fundas reflexões. Calados, agradeciam a Deus a bênção do amor que lhes tocava os corações.

— Em vários momentos, sinto-me inseguro. Preciso muito de seu apoio.

— Não temos o direito de oferecer esperança sem esforços seqüentes que viabilizem as realizações. Bem mais profunda do que os recursos materiais que ofereçamos, a amizade é fundamental.

— Calor humano, cumplicidade, lágrimas compartilhadas, sorrisos repartidos.

— Estar presente sem exigências. É difícil conviver e não impor. Comum é estendermos auxílio, exigindo que façam o que consideramos certo. O gosto do mando é freqüente na maior parte.

— A que atribuir essa maneira de todos nós?

— À indigência moral. Só os frágeis sentem prazer em submeter os seus semelhantes. Os homens de bem esclarecem, apóiam e confiam.

— E não ficam a dizer aos outros o que devem fazer.

— Aprenda, desde as primeiras experiências, a respeitar o próximo. Não o julgue santo ou sábio. Réu ou

*Um só coração*

juiz. Grande parte de nossas idéias é falsa. Julgamos sem bases seguras.

— Julgar...

— Jamais o faça. Nada nos credencia a ficar julgando. Estenda esforços para o seu crescimento interior e novas forças surgirão.

— Tenho medo de ver crescer minha prepotência face as fragilidades que eles oferecem.

— Julga que sejam fracos?

— ?!

— Como agiríamos no lugar deles? Considera-se mais forte, tão-só, por seus recursos econômicos? Esses mesmos aos quais entregamos alguma coisa hoje, por certo, sustentar-nos-ão amanhã. Vivendo as privações, enleados a dramas e resgates, sobrepõem-se com dignidade e prosseguem.

— Nunca pensei que pudesse nascer nas circunstâncias de Etil. Por muito menos, tentei morrer.

— Exatamente. Nunca se esqueça de suas próprias fraquezas.

— É muito comum nos julgarmos superiores.

— E raro buscarmos o auto-conhecimento. Pense que será troca. Eles têm a nos ensinar.

— Não posso ficar afastado de sua coerência. Sou ainda daqueles que confundem tolice com saber; fantasia com realidade; prepotência com dignidade.

Iron riu e deu vários passos calado. Gaston não ousou falar.

Na seqüência do caminhar, Júlio fazia-se visível. Revelava profundo abatimento. Iron falou quase sussurrando.

— Penso que sei a razão de sua tristeza.

Gaston pensou que falava com ele.

_Oneida Terra/Sabija_

— Estou feliz. Anseio aprender e ser útil. Não quero contar as horas na inutilidade.

— Falo com Júlio.

— Júlio? Estamos apenas os dois.

Aproximavam-se do recanto de Iron

— Quer entrar, Gaston?

— Sim, quero sim.

Iron abriu a janela. Falou com as plantas. Ofereceu água ao amigo.

— Meu ninho tem o encanto do mundo.

— E caberia, neste pequeno pouso, o encanto do mundo, senhor?

— O amor não cabe no coração?

— Conviver ao seu lado é alegre e fecundo.

— Tenho prazer na sua presença, amigo.

— Nada tenho para lhe dar.

— O que será esse dar e receber? Não estou preso à idéia de ganho e ganho sempre. Conviver honestamente sem cobrar. Simplesmente conviver. Estamos juntos, conversamos, trocamos opiniões e confiamos um no outro. Cesse esses pensamentos a meu respeito e pare de exigir de si mesmo.

— Julgo-o superior.

— Veja-me como amigo. Conseguiria?

— Mas eu o tenho como amigo!

— Sua compreensão ou o seu sentimento está inseguro. Um amigo não pede, não registra vazios, não se prende ao que o outro lhe dá. Sinto-me feliz e fico atento à minha capacidade de recebê-lo no coração. Não me angustia a idéia de lhe dar e dar. Acolher o seu sentimento na sua essência; conhecê-lo profundamente e alcançar, ao seu lado, as alegrias da Vida, sem esquecer os que

*Um só coração*

sofrem.

— Tenho complexos muito sérios. Ao seu lado, penso que não sou capaz.

— Desperto sentimentos negativos? Anseio acordar a sua leveza. Sorrir e cantar junto ao seu ser.

— Não, Iron. Eu sou esse sentimento de insegurança. Sua presença é força.

— Estou brincando. No tempo, sob dedicações a você mesmo e aos seus semelhantes, emergirá o equilíbrio. Confie!

— O que o tornou andarilho?

— Foi uma opção. As experiências levaram-me a compreender melhor a Vida. Na simplicidade, existem bênçãos inigualáveis. Tenho o necessário a um viver digno. No despojamento, vive-se uma liberdade inegável. Muitos bens sacrificam, preocupam e desgastam.

— Nasci em meio às riquezas.

— Valiosa é a sua oportunidade. Usando as riquezas com dignidade exercerá desapego, aprenderá justiça e generosidade. Nada é castigo. Tudo é recurso para nosso crescimento.

— Cheguei a pensar na impossibilidade de vencer. As facilidades que me são oferecidas amedrontam.

— Nossa força é o Criador. Nada é valioso quanto buscá-lO. Compare os seus bens às águas de um rio. Que sigam o curso da Vida na execução do bem.

Gaston enxugou algumas lágrimas.

— Amo-o, senhor.

— Vou preparar um chá forte.

Iron tentava disfarçar a própria emoção. O coração brincava feliz na constatação do renascimento de Gaston.

# Capítulo 13

— Como consegue esse aroma? O sabor está excelente!

— Folhas, cascas e flores, Gaston.

— E a proporção?

— A Vida ensina. Coma esse pão torrado.

— Jamais seria tão bem servido em minha casa, senhor.

— Um pouco de mel?

— Prefiro o creme azedo. Gosta de preparar os alimentos?

— É fascinante unir elementos simples chegando a sabores diversos.

— Quem o ensinou?

— A Vida.

— No seu falar, a Vida iguala-se a uma fada sublime.

— Não é fada, mas é sublime.

— Aprenda com a Vida...

— Sim, meu caro, ela é mestra incomparável. Silenciosa e bela.

— Gosto de muitas palavras, gestos

*Um só coração*

expansivos, movimentos, amigo Iron.

— Aos dos homens, prefiro os da Vida.

— Não consegui ainda entendê-la.

— Falta silêncio interior, Gaston.

— Sozinho, sinto-me perdido.

— Exatamente a ausência de sintonia com a Vida provoca insegurança.

— Acerco-me de pessoas ruidosas.

— Elas, por muito movimento exterior, não alcançam harmonia.

— São ansiosas como eu.

— Busque a natureza. A natureza é exuberante. Para senti-la, é necessário calar palavras e preocupações.

— Chegarei a entendê-la?

— Se essa busca for contínua, sim.

— Um século será pouco.

— Não pense em marcar o tempo. Sinta-o e agradeça, Gaston.

— Sua vida marca-se de mistérios para mim. Falou em Júlio. É seu amigo?

— Júlio foi um reencontro precioso. Através de tudo o que vivemos juntos, aprendi muito...

— E ele está aqui?

— Sim.

— Pode vê-lo?

— Com naturalidade.

— Não teme?

— Por que temer um filho de Deus?

— Mas não é como nós!

— Em que seria diferente?

— Nada sei a esse respeito.

— E qual a razão do medo?

— Desconheço e não tenho controle de experiências assim.

— Sabe o que lhe falta? Conviver com Deus.

Lágrimas fundas brotaram repentinas. O olhar de Iron, impregnado de magnetismo, tocava-lhe a emoção. Júlio, que prestava a máxima atenção a tudo que conversavam, chorava também.

Iron esperou tranqüilo o transbordar das lágrimas. Gaston não reteve a menor emoção. Por largos momentos, extravasou vazios, decepções e dores. Júlio igualava-se a ele no liberar de emoções represadas ao longo do tempo.

Iron começou a conversar com Deus. De sussurros, passou a palavras, bem pronunciadas. Suave aragem esparramou-se no ambiente. Júlio e Gaston sentiram-se bem.

— Eu poderia estar sentindo a presença de Júlio?

— Perfeitamente, Gaston.

— Minhas lágrimas cresceram tanto que me pareceu chorávamos juntos. Sinto vontade de falar, falar, falar...

— Fale.

— E se for ilusão, senhor?

— Não se julgue ou recrimine. Fique à vontade.

As palavras surgiram fortes. A respiração ficara opressa. A cabeça um tanto pendida, olhos fechados.

— Quero falar, quero falar.

Palavras misturavam-se a pranto.

— Nada o impede, Júlio.

— Teria o seu coração, ainda hoje, paciência para me escutar?

— Os bens morais que tenhamos conquistado não

se esgotam.

— Não me tem raiva?

— Alguma razão justa aproximou-nos. Esforcei-me para entendê-la.

— Sinto-me perdido. São muitos anos de ódio. Enfraqueço-me sempre mais.

— Pensei que estivesse melhor, Júlio.

— Deixei-o, mas não busquei caminhos.

— Um único e inigualável existe. É o Criador. Buscando-O, tudo lhe será bom.

— Nada cultivei. Permiti a vingança e tive prazer na desforra. Sou desprezível...

— Para o magnânimo Pai, não existem seres desprezíveis.

— O farsante legou os bens a você.

— E passarei cada moeda a quem precisar, Júlio.

— Não lhe interessam riquezas?

— Cultivo-as no coração.

— Sentimentos... Só sentimentos, Iron!

— Verdadeiras jóias: o respeito, a solidariedade, a alegria, a amizade.

— Tenho seguido os seus passos.

— E o que concluiu?

— Quero mudar, mas não tenho forças para qualquer luta. Não considero bom continuar nos enganos. Temo iniciar, não prosseguir e ficar pior.

— Peça a Deus refazimento. Vejo-o débil. Urgente um tratamento prolongado.

— Terei como alcançá-lO?

— Busque com sinceridade. Nada nos é negado quando buscamos com empenho. Chegamos ao que nos é necessário se o pedido é justo.

— Existiria o céu? Atenderiam os anjos aos nossos apelos?

— Céu? Anjos? Cuidado com os seus delírios! Façamos por bem viver entre nós primeiro. Você não se respeitou, quis sofrimentos para Fort e anseia céu e anjos?

— Sou um imbecil! Perdão...

— Grande parte da humanidade age exatamente desse modo, Júlio.

— Amar aos meus semelhantes?

— Somos a continuidade uns dos outros. Se não buscamos exercer compreensão, respeito e carinho, como esperar céu e anjos?

— Não pensei que ao homem fossem exigidos sacrifícios.

— Não existe sacrifício na Lei. O esforço que nos é pedido leva-nos a descobrir a bênção de compartilhar. O Pai é sublime provedor, mas seria correto fruir sem participar?

— O que fazer, amigo?

— Busque o apoio de amigos que tenham as condições mínimas para encaminhá-lo. Para que exigir muito?

— Você sabe o que diz. Sequer tenho condições para entender o mais simples.

— Trabalhe sua ansiedade. Queira sempre o que nasça de seus esforços. Colha do outro apenas o indispensável. Facilidades não contribuem para nossa evolução.

— Sou um tolo!

— Pare de repetir isso. Pense com otimismo!

— Uma cama limpa, reconforto, amizade...

— Já olhou à sua volta? Nada se iguala ao sol. O rio é espetáculo incomparável. As aves, as flores e frutos

*Um só coração*

e tudo compondo a Terra. Para que desejar o céu?

— Nem sei bem o que seria anjo. Falei sob o impulso da fantasia.

— Busquemos o homem de bem.

— Homem de bem?

— Aquele ser respeitoso e afável em todas as circunstâncias. Equânime em quaisquer momentos.

— Fui cruel com você. Levei dolorosos sofrimentos à sua mãe.

— Mamãe está bem. É esforçada e busca ser útil em todas as circunstâncias.

— Não me tem mágoas, Iron?

— Buscando Deus nas ações diárias, não poderia abrigar mágoas no coração.

— Não gostaria de seguir qualquer rumo antes de me desculpar. Arrependo-me.

— Siga, mas não nos esqueça. Gostaríamos de continuar ao seu lado.

Júlio prorrompeu em convulsivo choro.

— Não o mereço, Iron! Não o mereço!

— Para que gastarmos tempo em cobranças? O tempo é precioso amigo. Não o percamos.

— Serei grato! Não, não! Ser grato é muito pouco!

— Não pense em muito ou pouco. Seja espontâneo e sincero. Conte conosco!

As mãos vigorosas de Iron afagaram os cabelos de Gaston, mas a carícia destinava-se a Júlio.

Um longo silêncio. Gaston foi se refazendo devagar.

— O que ocorreu comigo? Fiquei em grande torpor e não fui capaz de controlar minha voz.

— Algo simples e bom para nós dois. Júlio conversou de maneira clara e natural.

— Nunca ocorreu antes, senhor.

— Alguns fatos devem ter ocorrido à revelia de sua vontade, mas você não deve ter dado valor.

— Talvez sim. Sombras, ruídos...

— Não apenas sombras ou ruídos. Manifestações prudentes e amorosas. Interferências positivas cooperando conosco.

— Pensando nessa realidade, vem a idéia de sombras, medo, perseguições...

— Os seus sentimentos precisam tornar-se claros. É infinito e bom o que está além de nossos olhos.

— Nunca me preparei.

— Júlio é um ser em luta como nós. É alguém buscando apoio. Você vem, nesses últimos meses, no esforço sincero de renovação. Quer conquistar um sentimento humano, livre dos excessos que o orgulho impõe. As oportunidades não cessam.

— Será que lhe fui útil, amigo?

— Tem dúvida, Gaston?

— Fico feliz por estar ao seu lado em uma hora significativa e conseguir ser útil. Obrigado.

— Sempre consegui ver Júlio e nos falamos muitas vezes, mas foi importante estar com ele através de sua sensibilidade. Agradeço-lhe.

— Essa é uma longa história, não?

— Uma história bonita. Fort, Júlio e eu prosseguiremos e sei que, se não desanimarmos, o futuro será promissor.

— O seu carinho e a determinação sincera devem tê-los ajudado muito.

— Confio na força de todos nós. Cada criatura

*Um só coração*

tem algo de bom a oferecer, mas nem sempre nos fazemos receptivos.

— Querido Iron, agradeço a Deus, a esse Pai Eterno que nunca busquei, tê-lo conhecido. Quero agradecer em atos. Sou feliz!

No silêncio em que se colocou Júlio, vibrava uma grande e inesgotável alegria.

Os séculos presenciavam, através dos sentimentos que se uniam, o reajuste entre aqueles corações. Em tempos idos, Iron, como pai dos jovens impulsivos e ambiciosos, Júlio e Fort, não lhes dera orientações precisas. Voltado às suas pesquisas e descobertas, negligenciara as oportunidades justas que o planejamento reencarnatório lhe oferecera. Facultara aos filhos facilidades e não percebera quão enganosos eram os caminhos que trilhavam. Na seqüência natural de suas existências, chegou a constatar a indiferença e a ambição que os dominavam. Recusou-se a assumir responsabilidades e foi rígido com eles, afastando-se determinado. A bondade superior, mais uma vez, entregara-lhes a proximidade e os protegera para que não lhes faltassem forças no resgate a que eram chamados a viver. Entre uma e outra existência, cresceram séculos, facultando àqueles corações oportunidades para que se fortalecessem antes do novo reencontro.

O pai que antes buscava a sua própria realização, indiferente às responsabilidades com os filhos, fizera-se agora amigo fiel, priorizando-os em todas as circunstâncias.

Naquele momento precioso, Iron colhia as bênçãos que a sinceridade com Deus transmite.

# Capítulo

## 14

Couro, lã, cadarço e cola estavam esparramados em um pequeno canto. Tião sapateiro, absorto, tentava organizar o seu exíguo espaço. Falava sozinho. Resmungava consigo mesmo.

— Quer ajuda?

— Iron! Seja bem-vindo!

Sem muitas palavras, ficaram próximos por longo tempo. Iron separava tudo o que era comum às tarefas de seu amigo. Couro em vários pedaços, lã, sapatos, botas...

— Este quarto está pequeno para tantas peças, Tião.

— Conforme-se com ele, meu caro. Impossível sair daqui!

— Impossível...

— O que foi?

— Nada.

— Por que repete a palavra, Iron?

— "Impossível". Qual o sentido real que tem essa palavra?

— Eu jamais poderia comprar um pedaço maior. Impossível sair daqui.

— Você o terá, Tião. Espaçoso, aconchegante e útil.

— Sorte grande? Vou ser premiado?

— Não. Reajuste da Lei.

— Não sou filósofo ou profeta. Suas palavras estão confusas. Explique-se melhor.

— Alguém me encarregou de entregar alguns bens a pessoas certas. Você merece. Sempre o vi trabalhando. Sei que o seu coração é feliz no que faz.

— Fico sempre imaginando por onde vão esses mesmos sapatos, chinelos e botas que conserto. Minhas fantasias levam-me a delírios. Eles chegam onde eu não posso entrar.

— Sonhos, Tião?

— Nunca os confessei, mas eles existem.

— Devem ser belos. Ao consertar sapatos, você voa um pouco com eles.

— Os sonhos me ajudam a viver, Iron.

— Organizaremos melhor o seu novo local de trabalho. As suas ferramentas estão velhas e gastas.

— Foram úteis em todos esses anos, jamais as desprezaria.

— Conservam um halo de força, eu sei. Mas nada impede a compra de novas peças.

— "Halo"? O que é "halo"?

— Percebe-as fortes e belas?

— Sim, claro que sim.

— A isso me refiro. À beleza dessas ferramentas gastas.

— Vai mudar também? Comprou para você uma casa nova?

— Mudar? Para que mudar?

— Não vai beneficiar pessoas? Não vai conquistar melhores condições para elas?

— Meu espaço é o ideal que preciso, Tião. Estou tranqüilo.

— Nunca sonhou uma casa, mais espaço, conforto?

— Tenho o coração dos amigos. Nesse aconchego quero estar.

Tião olhou-o por momentos.

— O coração dos amigos... - Riu com leveza. - Nem sempre são um lugar cheio de belezas. O meu é pobre.

— Engano seu. Gosto muito do espaço que você me oferece no seu coração. Jamais o desprezarei.

— Espaço? Não, Iron. Eu não lhe dei um pedaço. Entreguei-o todo a você. Todinho!

Iron abraçou-o. Emocionaram-se.

— Fale-me de seus sonhos. Quero conhecê-los.

— Deixe minhas fantasias. São tolices de um pobre sapateiro.

— Quero conhecê-las. Vamos, confesse-as.

— Esses sapatos - tomou-os nas mãos - dançam em salões ricos com jovens lindas. Eu danço com eles.

— Por que não escreve esses sonhos?

— Mal sei escrever, esqueceu?

— Eu o farei por você. Conte-me todos os sonhos e comporemos um livro. Ficarão bonitos esses contos.

— Existem os que vão ao trabalho e ficam cansados. Voltam mais tarde feios, sujos, quase irreconhecíveis. Trato-os com muito cuidado. São meus amigos.

— Por isso você é o melhor da cidade. Tem carinho com o que lhe vem.

— Não sei se sou o melhor. Sou feliz ao lidar com eles.

*Um só coração*

— Muitos modelos... Diferentes entre si, não é, Tião?

— E cores... As mais alegres... Algumas sérias demais...

— Uns mais elegantes, outros mais simples. Quer sair e caminhar procurando um local maior, meu caro consertador de sapatos?

— A fada a que se referiu é verdadeira? Pensei que fosse brincadeira...

— Não é uma fada e, sim, um homem. Ao dar o último suspiro, encarregou-me de entregar dignamente os seus bens.

— E o que legou a você, Iron? Você, mais do que nós, merece.

— Estou bem, Tião. Neste momento, só preciso de uma coisa: distribuir a quem precisa os bens que ficaram.

— Mal acredito! Nenhuma ambição?

— As riquezas que mais quero nascem de Deus. Tem algumas idéias? Algum lugar preferido?

— Que seja bom aos que me trazem sapatos.

— Não muito distante. E, se com beleza, melhor.

— Não poderá ficar belo ao ponto de assustar os fregueses. Não posso perdê-los!

— A beleza não assusta. Os excessos amedrontam.

— A casa de dona Olinda está para vender. O que acha?

— Excelente! Grande e confortável.

— Eu ficaria com a sala principal. Isso me bastaria.

— Uma sala? Apenas a sala, Tião? Por que não a casa?

— Não preciso de tanto. Como você, eu me sinto bem onde estou.

— Deixe a pequena casa para os familiares e more com os seus filhos na casa nova.

— Merecerei, Iron?

— Não tenho a menor dúvida! Vocês merecem!

Lágrimas e gratidão emergiam fartas. Iron pensou em Júlio e Fort. Que o reconhecimento de quantos fossem beneficiados chegasse até eles.

— Meus filhos ficarão felizes. Espaço o bastante...

— E Nora também.

— Nora ficará bastante assustada. Se não fosse através de você, ela não aceitaria. Agora sonharei melhor o destino dos sapatos que me vêm à mão.

— Um dia, você me disse que não sonhava, Tião.

— Tive vergonha de confessar essas tolices. Um homem com necessidade de trabalhar mais de doze horas por dia, sonhando?

— Esses contos ficarão famosos. Não reprima esses sonhos. Eles embelezam a sua vida. As nossas vidas.

Abraçaram-se felizes e confiantes.

. . . . . . . . . . . . . .

Tião esforçava-se para acalmar a companheira.

— Esta casa é nossa! Pequena e simples, mas conquistada com esforços dignos.

— Ganhar? Nada fizemos para merecer essa dádiva!

— Iron é honesto. Não tenho a menor desconfiança dele. Sempre foi leal e amoroso.

— Jamais suspeitaria desse bom amigo. O que teria sido de nossa vida sem ele? Impossível esquecer o bem vivido ao seu lado!

— Os que partiram terão prazer com as atitudes de Iron.

*Um só coração*

— E o que ficou para ele?

— Tudo e nada ao mesmo tempo.

— Como?

— Recebeu os bens e afirma de nada precisar. Continuará a prestar serviços úteis a muitos para viver com dignidade.

— Adorável Iron!

— Amigo querido...

— Só mudarei por ser ele. Do contrário, eu ficaria envergonhada. Não trabalhamos para obter essa casa.

— Tudo o que trabalhamos esses anos não traria algum mérito?

— Sei que lavo muita roupa para ajudar a sustentar a família, mas não sei se isso traz a nós esse direito.

— Iron sabe o que faz. Se fomos escolhidos, deve haver uma razão.

— Somos pobres, Tião. Não bastaria isso?

— Creio que não.

— Por quê?

— Existem os que abusam e desperdiçam. Quantos não querem trabalhar?

— Contamos nossos tostões, não desistimos da luta. Você 'tá certo.

— Vou procurar ser merecedor.

— Será que Deus olhou por nós?

— Pergunte a Iron. Penso que Ele nunca se esquece da gente.

Menos de dois meses depois, Tião e Nora levavam os filhos e pouca coisa que tinham. Iron montara a casa para eles. Simplicidade e conforto. Segurança e beleza.

— Essa casa é muito simpática, Iron.

— Concordo Gaston.

— Limpa, arejada, com um toque diferente. A proprietária tinha muito bom gosto. Era simples e não sobrecarregava nos detalhes. Mas esses móveis... Não eram daqui?

— Troquei tudo, gostou? Na verdade, Tião e Nora fizeram a escolha.

— Ficou excelente! Eles merecem. São bons amigos. Pensa em tudo, não?

— Esforço-me. É importante observar até os detalhes.

— Encerra aqui sua cooperação?

— Encerrar? Pretendo estar eternamente para os amigos.

— Perdão, perdão!

— Entendi o que perguntou. Não terminei ainda a transferência de alguns bens a Tião, pretendo fazer uma boa compra de todo o material que ele usa.

— Vai ser ótimo! Com esse apoio, toda a família ficará mais forte e feliz.

— Confio que sim. Esse apoio não o atrapalhará. Será motivo para mais luta.

— Atrapalhar?... Existe perigo em ajudar?

— Oportunistas estão por toda parte. Querem ajuda e não desenvolvem esforços para conquistas.

— Sério assim? Jamais imaginei que fosse dessa maneira.

— Muito sério! Não podemos ser coniventes. Participar, em todas as circunstâncias, é perceber crescimento para todos. No abuso e na preguiça, não evoluímos.

— Preguiça... O que seria isso?

— Má vontade, desgosto, indiferença. É injusto não querer trabalhar, participando da bênção que é a Vida. Muitos sabem pedir, dramatizando. O homem deve lu-

*Um só coração*

tar sempre com boa vontade, compreendendo que lhe cabe dar algo de si. Ficar na inércia é mórbido e conduz a enfermidades.

— Não é fácil ser justo. Não havia pensado nisso...

— Tudo o que nos leve a refletir é bom. Nunca pense em facilidades. Elas não educam. O preguiçoso vive em busca de facilidades; não as encontrando, deixa crescer a má vontade.

— Já fui um grande acomodado. Queria, tão-só, facilidades.

— E que se sentia agraciado pelos deuses.

— Como sabe? Nunca lhe falei nada a esse respeito.

—?!

— Sou um tolo! Seu sentimento é forte.

— Conheço um pouco dos homens e busco saber o que me é possível de Deus. Muitos que detêm beleza, saúde e dinheiro julgam fazer parte dos eleitos de Deus. Ou, simplesmente, se julgam eleitos.

— Não acreditam em Deus. Eu era assim. Um presunçoso com idéias de superioridade.

— Só o amor conduz a transformações. Só ele é forte.

— E, se não amamos, somos frágeis.

— A presunção é muito fantasiosa. O que se deixa dominar por esse sentimento acredita possuir todas as coisas.

— Vive de ilusões, acredita nas fantasias e sonha.

— E elas não têm base. Busque trabalhar com carinho o seu sentimento.

— Lutarei por isso. Às vezes, fico preocupado. E se eu ficasse só? Temo não sustentar essa luta.

— Sem Deus, somos vulneráveis. A sua força é Ele.

— Julguei que fosse o senhor.

— Sou um amigo e os amigos são bens preciosos, mas o Criador é insubstituível. Buscando entendê-lO, esforçando-se para harmonizar-se com a Lei, você sentirá o nascer de doce sentimento.

— Sentimento?

— A fé. Força que impulsiona as menores e as grandes conquistas.

— Fé... Lutarei para senti-la, Iron!

— Confiança. Tranqüilidade. Vontade de lutar. Alegria na participação.

— Sinais da fé?

— Uma realização que se fortalece suave e fortemente. Não simples sinais. Vivências.

— O senhor transmite esses sentimentos.

— Esforço-me e sou feliz.

— Os menos favorecidos estão livres da presunção?

— Nem todos. Não é a simples condição em que vivem que os leva a sentimentos bons. Só o esforço consciente, sob a luz de cada dia ou sob o brilho das estrelas, permite o desabrochar e o crescer dos bons sentimentos.

— Eles são revoltados?

— Sim. Alguns não aceitam a correção.

— Fico intrigado. O senhor afirma que existimos ontem e que nada é por acaso. Se eles são encaminhados à luta, por que não a aceitam? Seria válido colocá-los sob condições que lhes provocam revolta, desânimo, tristeza e vários outros estados íntimos diferentes?

— Não há falha no planejamento. Sobrecarga não consta da Lei.

— O que é, então?

*Um só coração*

— Inércia, má vontade, preguiça...

— Inércia?

— Não querendo lutar, deixam crescer fragilidades. E não é o simples conhecimento humano. É, acima de tudo, a realização com Deus.

— Não ficariam perdidos em meio à miséria em que vivem?

— Essa miséria é interior, na ausência de esforços nos rumos do bem.

— Como? Quero muito entender!

— Só os nossos atos íntimos geram fatores externos.

— Confuso para mim! Tenho que estudar, querido amigo.

— Não, não é confuso. Por que renascem sob essas realidades? Deus quer assim ou eles as provocam com os próprios atos?

— Hoje acredito que eles provoquem essas condições com atos iníquos.

— Na verdade, a condição de pobreza material é oportunidade valiosa para crescimento. Na abastança, seriam insanos. Precisam aprender inúmeras coisas nessa falta de recursos em que vivem.

— Aprender o quê? Parece-me bem difícil chegar a resultados bons mediante penúria. Vem um vazio, sensação de perda, medo, insegurança, revolta.

— E sob riquezas? As riquezas materiais seriam garantia de bons sentimentos?

Gaston olhou-o longamente.

— Orgulho, vaidade, indiferença, presunção, excessos, egoísmo.

— E o que concluímos?

— Estou confuso! Só ao seu lado começo a fazer essas reflexões. Não sei qual seria melhor estrada.

— Mediante o planejamento superior, o que nos for indicado é o melhor. Nossas idéias restringem-se ao que presenciamos nas estradas da Terra. Elas, no entanto, não são únicas. O que se desdobra além de nossos olhos é o ilimitado.

— Seria bom não existirem ricos e pobres, mas, sim, um nível médio para todos.

— E o que faríamos com os que não gostam de trabalhar?

— Não sei.

— Existem os que lutam além do necessário pelas posses materiais. E com esses, como agir?

— Pare, pare, senhor!

— Não, Gaston, não pararei. Refletindo, cresço.

— O senhor está querendo dizer que, mesmo colocados sob uma condição única, eles mudariam tudo?

— Não existe obrigatoriedade. A Vida é convite de amor.

— Somos livres?

— Parcialmente. Há liberdade. Sente-se preso?

— Não. Sinto que tenho liberdade. Só não sei agir bem, aproveitando-a.

— Os que desejam apenas facilidades empobrecem. Os mesmos que se deixam dominar pelas vaidades esvaziam-se.

— Eles criam as condições e não há como isentá-los. Seria isso?

— Não são eles, somos nós. Nunca reflita usando "tu" e "ele". Não fuja. Nós somos assim. Arbitrários e rebeldes, criamos situações aflitivas.

*Um só coração*

— Então, aceitamos as correções antes de renascer e depois recuamos?

— Uma boa parte não participa do planejamento.

— Não participar seria justo?

— Não têm discernimento. Participar de que maneira? Os planejadores não precisam de palpites, mas buscam opiniões criteriosas, respeitando-nos. Eles sabem muito bem o que nos é melhor. Creia, meu jovem Gaston, a sabedoria da Vida é sublime, ilimitada. Mas buscamos prazeres e não sabedoria. Fugir das conseqüências de nossos próprios atos é covardia.

— Se esses resgates são necessários, não estaríamos atrapalhando-os com a ajuda que lhes oferecemos?

# Capítulo 15

— O bem não atrapalha.

— Perdão! Sou um idiota.

— O nosso não-julgamento... A participação ativa... A troca... Que bênçãos poderiam ser maiores aos nossos corações?

— E a eles, amigo Iron?

— Tão-só conduzimos uma pequena parcela de cooperação. Eles permanecem na luta.

— Tião continuará a consertar sapatos e bolsas.

— Educará os filhos e cuidará ainda dos demais familiares. O esforço do crescimento para Deus é intransferível.

— Parece migalha o que lhes damos.

— Abençoadas parcelas que ajudam. Com nosso apoio, eles não desfalecem. A esperança floresce e o sentimento de humanidade vibra.

— Seria presunção julgarmos que, com o mínimo que lhes damos, eles se livram de suas lutas.

*Um só coração*

— Sim, Gaston. Fundamental é o carinho, respeito, alegria. Mais do que roupas e alimentos, precisam de amor.

— Nosso convívio é-me indispensável. Mas vou aprendendo que não cresceria se ficasse apenas ao seu lado, colhendo essas belezas que o seu coração oferece. Preciosa a possibilidade de conhecer essas criaturas humildes: Lígia, Etil, Tião e outros que seguem ao seu lado.

— Reconhecê-lo nessas digressões é muito bom. Querer, tão-só, a presença dos que amamos ou daqueles que são ricos e belos é empobrecer-se.

Gaston tinha os olhos encharcados. E, sem pensar, abraçou Iron e chorou no seu ombro.

Longos momentos de silêncio e ternura.

. . . . . . . . . . . . . .

A porta azul refletia ares novos. Cortina lavada. Aromas no ar.

— Com licença.

— Brenda!

— Como está, senhor?

— Surpreso!

— Trouxe Juan.

O pequeno estava belo.

— Obrigado, Brenda. Ana deve estar feliz.

— Ele é tudo para nós.

— Que bom, minha filha!

— Meu marido e eu gostaríamos de conviver com o senhor. Não é apenas pelo pequeno. Sentimos um carinho enorme quando o conhecemos.

— A simpatia foi recíproca. Terei imenso prazer no

convívio com vocês.

— Trouxemos nosso endereço. Vá jantar conosco. Leve algum amigo, se quiser.

— Agradeço-lhe. Venha, sente-se aqui.

O menino começou a brincar, sentado no chão. Iron ferveu água. Pegou as roscas. Estendeu toalha na mesa.

— Não se preocupe, senhor!

— É um prazer! Na simplicidade de meu ninho, é um prazer receber os amigos.

— Como estará Ana?

— Em grande luta, mas feliz.

— Como sabe?

— Os véus só existem para os indiferentes. Se, no coração, há afeto e fé, continuamos unidos.

— Márcio quer voltar à sua presença. Desde que o viu, nunca mais o esqueceu.

— Traga-o. Será bom revê-lo.

— Fiquei com vergonha de vir.

— Vergonha!?

— Não sabia o que iria pensar.

— Diante de sua gratuidade interior, eu só poderia me alegrar. Muito embora eu não fuja dos mesmos que se encontram desequilibrados.

— Juan é calmo e alegre. Conduziu nova vida à nossa casa.

— Ana preocupava-se com ele. Temia deixá-lo. Vejo que, realmente, não existiam razões para apreensões.

— Não o buscamos para preencher vazios e, sim, no ideal de amarmos muito mais.

— E você se envergonhava de vir? Devemos sentir vergonha nas más coisas que fazemos.

— Buscamos o seu apoio. Não somos desta cidade.

*Um só coração*

Conhecemos poucas pessoas aqui.

— Conte comigo, Brenda!

Estendeu-lhe a mão.

Brenda sentiu-se confortada. Um tempo depois, partiu.

. . . . . . . . . . . . . .

Etil grudava o nariz na vidraça fria. O inverno chegara rigoroso. A vontade era de sair e brincar. A casa espaçosa era-lhes como paraíso. Toda a família esforçava-se para conservá-la bela. Iron atribuíra a Gaston as responsabilidades de, junto com Lígia e os familiares, organizar os mínimos detalhes. Os resultados eram primorosos. Simplicidade e aconchego destacavam-se em cada canto.

Etil, ansiosa, aguardava a presença dos amigos. Sairia para jantar na casa de Brenda.

— Etil!

Lígia chamava-a.

— Estou aqui, mãe Lígia.

— Cuidado com o que vai fazer. Comporte-se! Não fale demais. Coma pouco e mastigue com a boca fechada. Não moramos mais em barracos.

— Eu sempre procurei ser educada.

— Eu sei, eu sei. Mas fique melhor, filha.

Iron ouviu as últimas palavras e alegrou-se. Lígia transformava-se. Mostrava-se mais leve e gentil.

— Aquiete-se, Lígia. Etil é delicada. Não quer mesmo vir conosco?

— Prefiro ficar. Tenho boas coisas para fazer.

— Lígia vai convidá-los a jantar aqui.

— Etil, eu queria falar. Não seja apressada!

— Perdão...

— Será muito bom saborear os seus quitutes, Lígia. Obrigado.

— Marcaremos o dia, senhor. Eu mesma prepararei os pratos.

— Agradeço-lhe o carinho.

— Sua companhia faz-nos bem.

— Vamos, Etil. Fique tranqüila, Lígia, nós a traremos de volta sem perigos.

Saíram de mãos dadas. A ela, as atenções de Iron eram verdadeiras e eternas alegrias. Falava sem parar, contava histórias, ria e fazia perguntas. Iron escutava-a com supremo carinho e não a deixava sem respostas. Um halo de compreensão inundava-os.

O jantar transcorrera descontraído. O pequeno Juan mostrara-se amoroso para com Etil, feliz ao seu lado.

. . . . . . . . . . . . . .

Iron subira os degraus pensativo. Agradecia a Deus as bênçãos que vivia. Os amigos constituíam-lhe a família. Ao abrir a porta, deparou-se com uma pequena mensagem de Ariane. Pedia a sua presença. Que a procurasse com a máxima urgência. Percebendo o tardio das horas, planejou ir ao seu encontro às primeiras horas da manhã.

O reconforto da noite contribuía para um saudar sereno ao dia nascente. Cuidou-se com esmero, colocou o pesado sobretudo, o inseparável chapéu e foi ao encontro de Ariane.

Os portões, no reflexo brasonado que as riquezas permitem, guardavam a residência de Fort. Como fize-

*Um só coração*

ra tantas vezes, buscou a entrada posterior da enorme residência.

O aroma bom do chá indicava que a amiga estava na cozinha. Bateu e abriu a porta.

— Meu velho camarada!

Um choro dominou-a.

— Primeiro as lágrimas, depois as palavras.

Aconchegou-a amorosamente. Não lhe inibiu o pranto. Calmo, esperou que se aquietasse.

— Por todos os deuses, este chá vai esfriar!

— Sua tranqüilidade é o mais importante. Lágrimas represadas arrebentam o coração. Deixe o chá. Sentemo-nos.

— O velho Fort...

Não conseguiu concluir.

— Já sei, já sei, ele continua aqui.

— Como ficou sabendo?

— Sei. Simplesmente, sei.

— Ficamos como pediu, mas sinto-o por todos os lados. Ele está sofrendo. O que faremos?

— O ideal é conversar com Deus.

— Façamos isso, meu amigo, por favor.

— Não sei se tinha o direito de lhe pedir para cuidar desta residência.

— Não se inquiete! Gostei de ficar. Procuro conservá-la da melhor maneira. Mas não me contou ainda o que fará com ela.

— Você verá essas dimensões vastas preenchidas por risos, raciocínios e trocas fecundas.

— Não estou entendendo, Iron.

— Inundar de crianças. O que poderia ser?

— Crianças, raciocínios, trocas...

— Quer trabalhar aqui, senhora Ariane?

— Uma escola!?

— E o que de melhor poderia ser?

— Uma escola? Esse foi o meu sonho a vida toda! Ficará lindo!

— Os jardins, o bosque, as águas... Faltam-nos, tão-só, crianças.

— Meu Deus, Elisberto vai agradecer aos céus essa bênção. Nunca mais sairá daqui!

— E bom será ficar. Esses jardins não são tão belos sem ele.

— Crianças... Adoro criança!

— Pirraças, traquinagens, elaborações.

— Será animado e feliz viver entre elas.

— Meninos e meninas...

— Isso não é permitido em nossa sociedade.

— Tem razão. Por Etil, será um educandário para meninas. Um dia, quem sabe, será para todos, sem medos ou distinções absurdas.

— Mas pensemos no velho Fort.

— Vamos à sala. Chame Elisberto.

— Ele foi ver os animais. Tome o chá, coma roscas e use o mel. Correr não traz boas soluções.

— Eu sabia que ele não conseguiria se desprender rapidamente. Sempre foi apegado aos seus bens. Deus oferece a amplidão, mas os homens prendem-se a ninharias.

— Ele nada conhece da Bondade Superior. Apega-se a este reduto, nele julga-se seguro. Nesta propriedade, ele delimitou cada pedaço. Construiu de acordo com o seu gosto.

— Confundimos, constantemente, apego e zelo. Tal-

*Um só coração*

vez ele pense que está cuidando desta propriedade.

— Ele tinha muito medo de partir. Sentia-se perder nessa possibilidade.

— Tentaremos ajudá-lo.

— Que colha nosso carinho e se refaça! Sonhei com ele e o via como criança.

— Deve estar se sentindo como criança desprotegida. O medo agrava qualquer mal-estar. Sob o impacto que ele promove, pequenos acontecimentos transformam-se em tragédia.

— Só nos últimos tempos, tomado pela dor, ele falou de Deus.

— Que bom que falou do Pai Eterno!

— Vou chamar Elisberto. Vá para a sala.

Iron sorveu o aromático chá e buscou o interior aprimorado da residência luxuosa.

Um silêncio e um gemido constrangiam-se no ar. A atmosfera estava impregnada de tristeza, indecisão e vazios. Percorreu outras dependências, vagarosamente. Inúmeros quartos, salas imensas em um espaço exagerado para uma família, mas ideal para um educandário. Apesar do inverno forte, abriu as janelas. A cada passo, visualizava as reformas que seriam feitas. Imaginava tapetes, quadros, cortinas e flores. Os risos alegres, na vivacidade das meninas que ali viessem, completariam tudo. Lembrou-se que Ariane e Elisberto esperavam.

# Capítulo

## 16

— Como está, Elisberto?

— Muito bem, Iron! E o velho Fort? Não sabia que era medroso e inseguro. Está igual fantasma nesta área. Já o vi caminhando entre os jardins.

— Não fale assim, homem! Ele sempre foi generoso conosco.

— Ariane tem razão. Ele os estimava sinceramente.

— Mas nem por isso é mentira o que falei. As pessoas têm a mania de elogiar depois da morte. Atribuem qualidades inexistentes. Deve ser medo de morrer. Não tenho medo de nada. E se quer saber, Iron, falei com o velho Fort quando o vi. Fui sincero e disse-lhe parar de andar qual fantasma, assustando.

— E ele respondeu?

— Não, não respondeu. Apenas chorou.

— Elisberto! Que falta de piedade! Não se envergonha?

*Um só coração*

— E de que eu iria me envergonhar? Seria melhor mentir? Dizer que ele estava certo em ficar aqui? Que era um prazer vê-lo entre nós? Acima de tudo, ele precisa de amigos que lhe digam a verdade. Só a verdade conduz à consciência desperta.

Ariane resmungou.

Iron fixou-os por vários momentos. Era visível a força daquele casal. Enternecido, volveu ao passado. Ariane e Elisberto chegavam, deixando o país de origem para trás. Esquivavam-se de respostas sobre as razões que traziam, mas era expressivo, nos seus olhos, que alguma dor muito forte mobilizava-os. O andarilho fora o primeiro amigo e, aos anos que vieram, eles somaram trocas profundas de respeito e ternura.

O velho Fort fora o caminho encontrado por Iron para que pudessem permanecer na terra escolhida sem privações e com toda dignidade.

Elisberto tudo sabia fazer e, secundado por Ariane, cooperava para o perfeito andamento das propriedades e demais negócios que se registravam entre os bens que Fort possuía.

Ariane era exímia na organização interior da propriedade e não se descuidava dos tratos pessoais com o patrão.

A voz de Elisberto trouxe-o de volta.

— Abstraído, Iron?

— Perdão. Recordava a chegada de vocês a este país.

— Dias amaríssimos que antecederam um tempo feliz.

— Elisberto está certo. Aqui somos felizes.

— Encontrá-lo no porto foi glória para nós, Iron.

— Não possuíamos nada...

— Sempre gostei de ficar próximo aos que desembarcam neste país. Nem todos os passageiros trazem alegria. Decepções e vazios acompanham parte deles. E vocês possuíam sentimentos bons.

— Suas mãos, Iron, parecem embarcações a conduzirem a rumos certos.

— Somos felizes, mas não nos esqueçamos de quem está sofrendo. O velho Fort já chegou.

— Consegue vê-lo com clareza?

— Sim. O semblante expressa dor. Tenta dizer-nos alguma coisa, mas o choro é mais forte.

— Deixe-o chorar. Unamos nossas forças a bem dele.

Com firmeza e desvelo, Ariane começou a dirigir-lhe palavras que exaltavam o carinho que lhe devotavam e a imensa proteção Divina.

Elisberto, sobriamente, transmitiu-lhe reconforto, mas foi sob a sonoridade da voz de Iron que ele se acalmou.

— Não lhe peço para sair e deixar-nos. Convido-o a se unir a nós em oração. Compartilhe, entregando o coração. Quando estiver melhor, poderá pensar e buscar direção segura.

Elisberto interveio:

— O velho Fort sentou-se. Parece mais calmo.

— Dormir seria bom. No repouso, adquirimos condições de luta. Adormeça, amigo. Não fique desconfiado. Temendo invasões, não encontrará tranqüilidade.

— Parece-me que dormiu. Repousará por algum tempo.

— Entrou alguém.

— Como, Elisberto?

*Um só coração*

— É Júlio, Ariane.

— Júlio? Meu Deus, peça-lhe não acordá-lo!

— Isso não ocorrerá. Confio em Júlio, Ariane.

— Confia, Iron? Não teme a proximidade?

— Sim, Júlio. Há um tempo atrás, sei que você o maltrataria severamente. Mas estamos em um novo tempo e não vale o revide.

— Estou por demais cansado, amigo.

— Você precisa se refazer, Júlio.

— Andei pela natureza. Fiquei aliviado. Tive necessidade de voltar. Descobri, ou melhor, constatei que, perto de você, sinto-me mais forte. Vou começando a entender que o admiro profundamente. Reconheço que, nos anos de perseguição, eu mais o amava do que odiava.

— Não era amor, Júlio.

— Desacredita do que lhe digo, Iron?

— Não, Júlio. Sei que poderia ser paixão.

— E em que diferem?

— O amor é construtivo. A paixão é avassaladora. Arrasta sem raciocínios e ponderações. O amor elucida e permanece sustentando crescimento. A paixão corrói, enfraquece. O amor conduz, suave, à liberdade interior. A paixão escraviza. Impõe caprichos. É exacerbada e frágil.

— Frágil?

Ariane falara sem querer.

— Sim, Ariane. Consideraria realmente forte um sentimento que inibe o potencial do homem, levando-o a desvarios?

— Tem razão, amigo.

Júlio estava assustado com a eloqüência que se esparramava do coração de Iron.

— Pensei que ia fazê-lo feliz ao lhe dizer isso, Iron.

— Mas não estou infeliz.

— Não era amor...

Júlio como que pensava alto.

— E seria a paixão ruim como o ódio?

— Não, Júlio.

— Fiquei triste nessas últimas horas. Lamentei o afastamento. Hoje, gostaria de ficar para lutar ao seu lado.

— Chegará o momento. Não descreia. Como iria cooperar, frágil qual se encontra? Fortaleça-se.

Elisberto tinha o coração em vibrações profundas. Era inegável o carinho de Iron para com Júlio. Lenta e docemente, alguém adentrava a sala. Anunciata ali estava. Irradiava beleza. Junto a ela, o companheiro. Iron sentiu inusitada emoção.

— Iron, Deus seja louvado através de nossos atos. Viemos buscar Júlio.

— Mamãe! Que bom revê-la! E papai veio!

— Com a permissão de Deus, poderemos cooperar com Fort e Júlio. Fort ficará ainda uns dias. Vocês darão apoio a ele. Seu pai e eu estamos felizes. Tínhamos, para com eles, dívidas e, nas lutas vividas, fomos refazendo desequilíbrios. Poderemos ser úteis.

— E se libertarão?

Ariane intervinha perguntando porque Iron repetia-lhes tudo que ouvia de Júlio e dos pais.

— Mamãe diz que a liberdade interior dependerá, essencialmente, dos esforços que venham a desenvolver nas diretrizes do bem.

— Impossível fugir da justiça.

— E para que fugir, se ela é um grande bem?

— Tem razão, amigo.

*Um só coração*

Júlio estava extasiado. Tinha medo e intimidava-se com os companheiros que ali estavam.

— Parece-me que serei levado a um tribunal. D. Anunciata poderia denunciar-me como algoz de seu filho. Eu quis justiça para Fort. Agora, conduzir-me-á a juízo.

— Acalme-se, Júlio. Venho como amiga. Quem de nós poderia julgar?

— Viemos em busca de um irmão. Sou o pai de Iron e quero ser seu amigo como o meu filho o é.

Lágrimas impediram palavras. Júlio atirou-se no chão, gritando sua dor, pedindo auxílio. Ajudaram-no a se erguer e o sustentaram nos braços. Anunciata expressava-se com absoluta ternura.

— Calma, meu filho. Estamos unidos e felizes.

— Felizes ao meu lado? Sou um vândalo! Nada tenho para lhes oferecer! Estou desgastado, sem forças... Não sou a melhor companhia!

— Ao nosso coração, é um filho querido que amamos. Confie!

Júlio abraçou-a fortemente. Anunciata, com tranqüilidade, entregou-o ao companheiro e se voltou para Iron.

— O que foi, mamãe?

— Trago uma surpresa.

— Surpresa!? Acréscimo de misericórdia, meus amigos! - Iron percebeu, claramente, a figura delicada que, com certa timidez, se aproximava. - Ana! Que bom revê-la entre nós!

— Obrigado, amigo! Constatei que a morte não existe e sei que as descobertas não terão fim. Deixei o corpo e não fugi de esforços sinceros pelo meu equilíbrio. Ter amigo é viver um sentimento de amor. Sei que Juan está sob carinho e atenções. Tenho uma ótima notícia.

— Boas novas, Ana?

— Sim, querido Iron. Daqui a alguns anos, retornarei na possibilidade de estar próxima a Juan.

— Reencarnar!? Que bom, Ana!

— Brenda vai lhe contar. Eles pensam em adotar mais duas crianças. Eu serei a terceira adoção. Minha felicidade é enorme e venho estudando e trabalhando para aprender a respeitar a Vida e os meus semelhantes. E essa alegria existe também por sua causa.

— !?

— Voltarei ao seu convívio. Estarei protegida. Nem todas as pessoas falam a verdade e permanecem juntas quando emerge a dor.

— Ao meu coração, será preciosa essa oportunidade. Deus a fortaleça, querida Ana!

Lágrimas brotavam naqueles corações. Um silêncio doce se fez sentir. Anunciata retomou a palavra.

— Iron, seguiremos com Júlio. Ele precisa de tratamento intensivo. O afastamento de Deus dilacera as fibras mais fortes do nosso íntimo.

— Vá sem detença, mamãe. Obrigado, obrigado a todos.

— Fique em paz, filho.

Ariane orava feliz. Elisberto pedia forças a Deus para muito mais ser útil. Fort dormiria ainda por algum tempo. Posteriormente, seria encaminhado a um local seguro onde pudesse estudar, refletir e trabalhar, refazendo o coração. Iron sugeriu que caminhassem, apesar do frio, pelas áreas externas.

*Um só coração*

Por um longo tempo, nenhum dos três sentiu-se com vontade de falar. Iron, intimamente, reverenciava o Pai Excelso. Os disfarces, conspirações, abandono e perseguições encontravam definitiva transformação.

Os jardins estavam castigados pelo inverno rigoroso. Desaparecidas as folhas, os galhos sustentavam sua nudez confiando na continuidade da Vida.

Ariane vislumbrava os dias vindouros. Risos e passos alegres na conquista de novos corações. Iron sentia-lhe os pensamentos.

— Em breve, estarão inundando este espaço, Ariane.

— Cumpriremos a vontade de Deus, amigo.

— De que estão falando?

— Perdão, Elisberto! Falamos desta propriedade transformada em um amplo local de estudo.

— Estudo?

— Um Educandário, meu caro.

— Quantas bênçãos...

— Elas nascem de Deus e são infindáveis.

Ariane e Iron perceberam que Elisberto retardava os passos. Ele queria chorar a sós, agradecendo a Deus.

— Elisberto faz-se de forte, mas acaba não resistindo.

— E é forte, Ariane! Chorar é manifestação de sensibilidade.

— Há choro de revolta.

— Que não deixa de ser resultado do desamor.

— E os de mágoa?

— Filhos da incompreensão, da desconfiança, da carência. Alivia-se o coração que desabafa no reconforto de Deus.

*Oneida Terra/Sahija*

— Alguns fogem de qualquer exteriorização dessa espécie, Iron.

— Uma grande parte vive por aparências. Não sendo forte, simula continuamente. Risos disfarçam raiva e inveja. Benditas todas as lágrimas que promovem alívio ao coração.

— Aguardaremos ansiosamente as reformas que serão feitas aqui.

— Não tardarei essa conquista. Confie. Gostaria que conhecesse Etil.

— Etil? Quem é Etil?

— Uma grande amiga.

— Venha com ela a hora que quiser. Será mais um coração amigo abraçado ao meu.

— É a nossa primeira aluna.

— Não quero aguardar por muito tempo.

— Virei amanhã mesmo.

— Vamos retornar para um bom chá? Estou gelada.

— Por isso não largo o meu sobretudo! Ele nunca me deixou passar frio!

Riram e reiniciaram os passos de volta. Alguns dias transcorreram calmos.

. . . . . . . . . . . . . .

Técnicos e homens mais simples implantavam as definitivas transformações na antiga residência de Fort. As realizações alcançadas deixavam antever grandes belezas.

— Concluímos que os jardins continuarão do mesmo jeito.

— Que bom! As reformas vão apagando, aos pou-

*Um só coração*

cos, as arrumações do velho Fort. Ele tinha um gosto exagerado.

— Misturava tons e não combinava estilo.

— Permanecendo os jardins, algo dele fica entre nós.

— Estima-o muito, não, Ariane?

— Como a um filho, muito embora ele seja mais velho do que eu e Elisberto.

— Ele era sistemático, mas acolheu-os de imediato e ofereceu-lhes confiança por toda a vida.

— Por certo, já nos conhecíamos.

— Depois que os reencontrou, percebi sérias mudanças no seu jeito de ser.

— Veja! Não é Gaston?

— É ele mesmo! Vamos encontrá-lo.

— As ruas desta cidade estão saudosas. Até as árvores estão tristes!

— As reformas exigem minha presença. Grande parte do dia, fico na orientação do que é necessário fazer nestas áreas.

— Mudou bastante! Poucos dias que não venho vê-la e implantaram-se novas belezas. Como está, Ariane?

— Muito bem, senhor. Vou preparar umas roscas. Com licença.

— O senhor é imbatível! Quantas mudanças! Etil está ansiosa. Quer vir de qualquer maneira.

— Convide Lígia a vir com ela amanhã. Estaremos esperando. Ariane e Elisberto gostarão muito delas.

— Ela virá mesmo estudar aqui?

— Será nossa primeira aluna, Gaston.

— Ama-a muito, não?

*Oneida Terra/Sabija*

— É a filha que não tive, meu amigo.

— E ela o respeita, profundamente, como a um pai querido.

— E as obras em Campo Verde?

— Promissoras. Ficarão excelentes as instalações.

— Faremos variações na busca de bem atendermos a diferentes áreas do conhecimento. É fundamental profissionalizar. Os jovens saem da escola excessivamente teóricos.

— Cabeças cheias de idéias e mãos inábeis.

— E pensam que sabem. O ideal é introduzir práticas, Gaston.

— Aprenderão trabalhando.

— E ficarão bem mais fortes. Teremos jovens de quinze anos com condições de trabalhar a madeira ou o aço.

— A terra, o gado e tudo que lhes seja imediatamente útil.

Iron sorriu.

— Quase não o reconheço, meu jovem.

— Sua força, Iron.

— Não, Gaston. Sua persistente boa vontade leva-o a crescer. O jovem teórico que conheci, cheio de mimos e exigências, cede lugar a um ser humano simpático e forte.

— Reconheço que muito precisamos do marceneiro, do agricultor, do padeiro, do artesão. O Criador não é teórico. Quanto mais praticidade de nossa parte, melhor.

— E nossos jovens precisam de uma boa formação profissional. Uma grande parte sofre no dia-a-dia, aprendendo por eles mesmos, errando muitas vezes. Orientados, crescerão mais rapidamente.

*Um só coração*

— Gostaria de permanecer próximo, amigo.

— E quem lhe disse que ficará ausente?

— Poderei mesmo trabalhar, Iron?

— Faça-o com muito gosto.

— Obrigado, obrigado!

— Espero contar com o seu apoio nos serviços externos de nosso Educandário.

— Aqui? Trabalhar aqui?

— E por que não?

— Terei capacidade? Não sou experiente!

— Tem vontade? Conquistará o que for necessário tendo boa vontade.

— Esforçar-me-ei. Agradeço-lhe a confiança.

— E seus pais? Tem cultivado compreensão?

— Estão um tanto desconfiados. Sondam os meus passos e suspeitam que estou vivendo mais um de meus caprichos. No tempo, reconhecerão minhas mudanças. Sinto-me útil e feliz.

— Conte com o meu apoio. Ariane deve estar à nossa espera. Sigamos.

. . . . . . . . . . . . . . . .

A noite transcorria calma para Iron. Com serenidade, caminhava pela cidade. Percorria rua por rua, mergulhado em silêncio, reflexão e agradecimento a Deus. Pudesse escolher e não mudaria nada de sua vida, a não ser tentar fazer bem melhor tudo o que lhe fora dado executar.

Ele poderia passar o resto de seus dias contando histórias. Participara de experiências incontáveis. Conseguira levar a pensar melhor uma grande parte dos moradores daquela cidade. Alguns cachorros perambulavam.

Jogou algumas roscas. Brincou com eles. Considerava-os parte da comunidade. Tratou-os, muitas vezes, encontrando-os enfermos. Muitos faziam-lhe agrados. Prosseguiu, pensativo. Por Júlio e pelo velho Fort, lutaria pelo Educandário e pelo Centro de Profissionalização que estavam, praticamente, prontos. Voltaria, de alguma forma, aos ideais que lhe norteavam a vida nos primeiros dias da juventude. Queria ser um pesquisador. Beneficiar a humanidade com suas descobertas. Agora, estaria ligado de maneira direta à educação de muitos jovens. Sorriu feliz.

Iron subia as escadas com vagar. Ouviu choro de criança. Nascia mais um ser. Parou e sentou-se emocionado. Maria Alice, sua vizinha, esperava a chegada do segundo filho. Sob lágrimas, Iron começou a conversar com Deus.

Agradecia-lhe. Nascer e renascer, percorrendo as vastas estradas do mundo... Conviver em países e culturas diferentes... Um extraordinário movimento, germinativo de crescimento para todos. Vibrou um profundo sentimento de humanidade à recém-chegada criança. Que jamais se esquecesse, ao retornar aos caminhos terrenos, que era, essencialmente, criatura de Deus.

Ergueu-se com vagar e subiu. Ao abrir a porta, deparou-se com vários bilhetes. Os amigos sempre estavam por perto e reclamavam da ausência. Guardou-os.

A preparação do chá foi lenta. O dia começava a nascer. Despediam-se as estrelas. O tempo abrandava-se. Surgiria uma estação mais amena. Recolheu as torradas que havia deixado no forno. Armazenou-as. Sorveu os goles de chá pensando em Etil. Ela viria ainda bem cedo.

*Um só coração*

Pensou em um bom banho e deitou água para ferver. Cada gesto era o coroamento de um homem que se sentia realmente feliz. As roupas estavam impecáveis. Tinham o brilho da simplicidade. O corpo maleável e esguio de Iron vestia-as bem. As calças largas eram inseparáveis dos suspensórios que ele e Tião confeccionavam. As camisas bem compostas cobriam-lhe os ombros largos, permitindo movimentos expansivos. Um leve aroma finalizou os tratos na higiene pessoal. Bateram à porta.

— Humm... para que o perfume?

— Para você, Etil. Como vai, Lígia?

— Muito bem, senhor.

— Estou pronto. Querem alguma coisa?

— Quero lhe pedir desculpas. Não poderei acompanhá-los.

— Não se importe, Lígia.

— Etil ficará com o senhor. Poderia levá-la à tarde?

— Eu pedi para ficar com Ariane, mas mamãe Lígia não quis deixar.

— Vai dar trabalho. Você fala demais. Não pára de fazer perguntas.

— De maneira nenhuma! Ariane ficaria muito feliz.

— Eu trouxe algumas roupas escondidas, Espantalho!

— Etil! Enganou-me?

— Deixe-a, deixe-a...

— Faça como o senhor achar melhor.

— Não quer chá, Lígia?

— Obrigada. Preciso ir. Estou aprendendo a costurar. Quero trabalhar, ser útil.

— Que bom, Lígia! Deus a proteja! E não se esqueça de costurar-me um agasalho novo.

Lígia afastou-se feliz, sorridente.

— Estou ansiosa, vamos?

— Passaremos no empório. Levarei algumas coisas para Ariane e Elisberto.

Tomou-lhe a mão. Beijou-a antes de descer as escadas.

Nas ruas, os passos eram lentos. A Vida era-lhes felicidade. Conversavam, riam, faziam brincadeiras. Não encurtaram caminho. Bem pelo contrário, iam pelas distâncias maiores.

Ariane esperava-os preocupada.

— Pensei que não viessem!

— Tínhamos muito para conversar, Ariane.

— Quase hora do almoço! E então, vai ficar uns dias?

— Tio Iron conseguiu convencer mãe Lígia. Poderei ficar.

Era a primeira vez que o chamava de tio.

— Que bom!

— Posso tirar os sapatos e correr por esses jardins?

— Fique à vontade, minha filha.

Rapidamente, ela desfrutava das belezas daquele lugar. Sua voz meiga inaugurava a parte externa do futuro e grande Educandário.

Iron sentou-se em um antigo banco de ferro, restaurado por Elisberto, e contemplou Etil que, feliz, corria por todos os lados.

**RENOVANDO ATITUDES**
Esta obra propõe a compreensão do estágio evolutivo de todos os indivíduos, respeitando a natureza íntima de cada ser. Hammed diz que só podemos nos transformar até onde conseguimos nos perceber. Um estudo baseado em *O Evangelho Segundo o Espiritismo*.

**A IMENSIDÃ DOS SENTID**
Como "olhar" além do óbvio e que nossos cinc sentidos podem oferecer? Como adentrar no vas campo da sabe ria espiritual de forma natural e espontânea? Um estudo psicológico d sensibilidade humana baseado em *O Livro dos Médiuns*.

## Francisco do Espírito Santo Neto

**AS DORES DA ALMA**
O autor espiritual Hammed analisa os "sete pecados capitais", ou seja, um estudo sobre a depressão, o medo, a culpa, a mágoa, a rigidez, a repressão e outras "dores da alma", fazendo pontes com várias questões de *O Livro dos Espíritos*.

**CONVIVER E MELHORAR**
Os autores pretendem nos auxiliar a ter um bom relacionamento conosco mesmo, para que possamos lidar melhor com as personalidades difíceis que encontramos em nossa esfera familiar, no ambiente profissional e social.

# boa nova

Avenida Porto Ferreira, 1031 - Caixa Postal 143 - Catanduva -SP
CEP 15809-020 - Fone: (17) 521-2400 - Fax: (17) 521-2191
www.boanovaonline.com.br - boanova@boanovaonline.com.br